本研究获国家自然科学基金"旅游地生态补偿空间范围与标准研究——以云南省玉龙县为例（编号：41001381）"资助

旅游生态补偿理论与实践
——以云南省玉龙纳西族自治县为例

蒋依依　著

北京·旅游教育出版社

序
PREFACE

　　旅游地涉及政府、企业、旅游者、社区居民等多个利益主体，各利益主体对于旅游业发展以及生态保护的诉求各有差别。旅游生态补偿作为一种"内在协调"方式，能够在相关利益主体之间建立一种平衡关系和制约机制，实现旅游产业持续发展与生态治理兼顾。建立完善的生态补偿制度必然涉及补偿对象、补偿标准、补偿方式等核心问题。其中，标准研究、空间范围与机制构建是明确补偿主体、对象与渠道，影响补偿实现的关键。因此，研究选择生态环境脆弱，近年来旅游业快速发展的云南省玉龙纳西族自治县（简称玉龙县）为研究区，在深入分析旅游活动与生态环境耦合关系与空间关系的基础上，分别分析、测算与预测了旅游地生态补偿的标准与空间差异，并借此探讨了适合旅游地发展特征的生态补偿机制。

　　本研究在现有研究成果的基础上，基于国内外理论研究与实践进展，系统论述和发展了旅游生态补偿的概念与内涵，对补偿主客体、补偿标准、补偿模式和保障体系等关键问题进行了详细阐述与分析，补充了目前对于旅游地生态补偿的内涵定义、理论框架，特别是弥补了标准、空间选择以及机制构建等方面的深入和系统研究的不足。研究认为生态补偿是综合运用政府和市场手段协调旅游地生态保护利益相关者之间的利益关系，以激励相关各方从事旅游地生态保护与建设的积极性，实现旅游地生态功能保护、恢复和增值的重要渠道。

　　对于生态补偿的标准，研究以生态保护过程中利益相关程度最高的社区居民为补偿对象，以土地价值为核算载体，以生态足迹效率为方法，以支持旅游业发展与生态发展所造成的机会成本以及应分享的游憩功能价值与生态服务功能为指标体系的核心内容，初步建立起包括最低标准、合理标准和最高标准的旅游地生态补偿标准的计算框架。研究表明，以土地价值为标准测算载体，能够反映生态保护与旅游业发展的双重内容，还能反映与土地密切相关的社区农民生产、生活及发展的问题。研究区补偿标准理论值与实际值的巨大差别，在一定程度上说明旅游业作为地区生态补偿市场化渠道的重要性。

对于生态补偿的空间选择，研究以社区居民为补偿对象，以不同乡镇为空间单元，以单位土地的机会成本、游憩功能价值以及生态服务功能为标准载体，构建旅游地生态补偿空间选择模型，对研究区内各空间单元的补偿标准划分进行研究。并依据人均补偿标准，划分为优先补偿区、次级补偿区、中等补偿区、临界补偿区与潜在补偿区5个等级，并据此提出生态补偿的空间顺序。研究表明，旅游地生态补偿空间选择模型，可以计算区域间的不同标准并安排不同的空间分配顺序，打破了旅游地作为空间均质的假设条件下所制定的均一化生态补偿标准，能够促进区域间的平衡与持续发展，同时在资金有限的情况下，使资金的生态效用最大化。

对于旅游地生态功能关系与标准的预测，研究在构建旅游地生态功能关系的评价框架基础上，对人类活动生态压力与生态环境承载力的关系，以及最低、合理与最高生态补偿标准进行了预测。

对于生态补偿机制的建立，研究以玉龙县生态补偿标准与空间的研究为基础，并借鉴国内外旅游地生态补偿机制的成功经验，构建了以政府为主体的纵向投入，以及多方参与的横向投入相结合的准市场机制，强调需要将社区居民作为最为重要的补偿客体，并通过土地赋权辅以政策与智力补偿的综合性补偿方式加以补偿，同时建立完善的评价监督机制以提高生态补偿绩效的旅游地生态补偿机制。

作者

2017年1月22日

目 录
CONTENTS

第一章 绪论 ··· 1
  一、研究背景与意义 ··· 2
  二、研究进展与展望 ··· 3
  三、研究内容与方法 ·· 12

第二章 理论研究 ··· 17
  一、旅游地生态补偿的理论基础与依据 ······················· 18
  二、对旅游地生态功能关系结构的思考 ······················· 50

第三章 研究区域状况 ··· 57
  一、自然环境概况 ··· 58
  二、社会经济概况 ··· 61
  三、旅游业发展历程 ·· 63
  四、生态脆弱性评价 ·· 65
  五、生态补偿状况 ··· 66

第四章 旅游地生态补偿标准研究 ····························· 73
  一、基于生态足迹效率测算的旅游地生态补偿标准研究 ······ 74
  二、基于功能关系结构的旅游地生态补偿标准预测研究 ······ 83

第五章 旅游地生态补偿空间选择研究 ······················· 95
  一、问题的提出 ··· 96
  二、研究的设计 ··· 98

三、空间的选择 ································· 99
　　四、结论与讨论 ································· 104

第六章　旅游地生态补偿机制研究 ················· 107
　　一、对旅游生态补偿若干问题的思考 ················ 108
　　二、国内外旅游地生态补偿实践分析与经验借鉴 ······· 114
　　三、旅游地生态补偿机制构建 ····················· 124

第七章　研究结论与展望 ························· 133
　　一、研究结论 ··································· 134
　　二、研究展望 ··································· 136

附录　玉龙县森林生态效益补偿基金测算与保障 ······ 137
参考文献 ······································· 143

第一章

绪论

一、研究背景与意义

（一）保护旅游地生态环境是实现区域可持续发展的重要内容

区域可持续发展，其实质是人类发展需求与生态供给之间的协调问题（王如松等，1996；蔡运龙，1998）。生态环境对旅游地而言，具有多重功能。生态环境不仅是物质基础，通过生物资源供给、净化空气等功能承载人类社会的发展，还具有旅游功能，能满足旅游者的旅游需求，并产生经济效益。但随着大量旅游者涌入，旅游地逐渐成为生态环境受人类活动冲击与破坏最为严重的地区之一，水污染、大气污染、植被退化、水土流失等现象不断出现（Briassoulis H，2001；Priskin J，2003；Kuvan Y，2005）。生态环境所受的影响往往不可逆，其承载能力与旅游功能的丧失会制约旅游业的发展，进而阻碍区域可持续发展的进程。因而，对旅游地的生态环境进行合理保护，使其功能能够稳定发挥是区域可持续发展的重要内容。

（二）建立生态补偿机制是协调旅游地发展与生态保护之间公平性的有效手段

旅游业的发展必然建立在对生态环境等资源的开发利用基础上。合理有序的旅游业发展能够提升区域经济实力，改善社区居民生活水平，为旅游地生态保护提供资金，提高生态保护的主动意识（Lim C et al，2005；Choi H C et al，2006），从而为区域可持续发展提供更大动力。单纯为维护生态功能，限制或禁止旅游业开发，既会使旅游地丧失一定的发展机会，减少就业机会，也会削弱社区居民保护生态的积极性。因此，探索平衡旅游地发展与保护之间矛盾的有效措施显得尤为重要。生态补偿作为一种以保护生态服务功能、促进人与自然和谐相处为目的，以经济手段为主要方式的制度安排，能够调节各利益相关者在生态、环境和经济等方面利益的不平衡，在旅游地持续发展的研究中具有较高的理论与应用价值。

（三）明确旅游生态影响的空间范围是落实生态补偿机制的关键步骤

建立完善的生态补偿制度必然涉及补偿对象、补偿标准、补偿方式等核心问题。无论生态补偿的对象是否为生态环境或相关利益主体，只有通过掌握旅游活动生态影响的空间范围，才能确定生态与经济效益不平衡的空间格局，进而明确涉及的相关利益主体，明晰生态补偿对象。也能避免利用景区边界、行政边界框定补偿对象空间范围所导致的"部分人负担，部分人受益"问题。因此，结合旅游活动特征及其生态影响区域的判别，明确生态补偿空间范围，是落实生态补偿机制的关键步骤。

（四）研究旅游地生态补偿标准是保证生态补偿区域公平的重要内容

不同类型旅游活动对生态环境的压力不同，而旅游地内部的旅游活动存在明显空间差异，受类型组合与空间分布的影响，旅游活动的生态影响显现出空间异质性。同时，不同区域具有不同的生态系统，因而具有不同的生态承载力。更为重要的是，受旅游活动空间差异性的影响，居民能够从事的旅游行业类型及其收益也各有差别。可见，生态与经济的相互作用机制，决定了生态补偿能力与成本的空间差异。因此，只有在深入认识旅游活动生态影响、旅游地自然本底与产业发展之间耦合关系的基础上，建立与发展实际相适应的补偿标准，才能建立起兼顾保护与发展，兼顾相关者切身利益的生态补偿机制。

（五）选择典型案例区有助于发挥研究的示范作用

第一，云南省玉龙县自然环境脆弱。地貌、地质、气候等多种因素的综合使研究区成为中国西部自然环境脆弱的典型区域。第二，玉龙县在不到三十年的时间内实现了旅游业的从无到有乃至兴盛，现旅游者接待规模已经超过900万人次/年，是典型的旅游发展快速化区域。第三，玉龙县主要景区居民为生态保护牺牲享受公平利用自然资源的权利，人均耕地减少，就业安置、替代产业发展困难，收入减少。第四，玉龙县不同景区居民进行生态保护的机会成本差距不断拉大。由于旅游业发展的不平衡，景区之间居民的收入差异近10倍，这种强烈的对比抑制了获益较少居民生态保护的积极性，由于没有其他经济来源，采药、采集野菜、放牧、少量的偷猎和伐薪等活动对景区生态环境造成威胁。因此，选择云南省玉龙县作为研究区，研究旅游地生态补偿机制，不仅能为促进旅游地可持续发展奠定基础，其结论还能对中国西部生态脆弱地区产生重要的示范作用。

二、研究进展与展望

作为一种系统化的制度安排，旅游生态补偿的目的在于将旅游资源开发活动产生的外部成本转化为对利益相关者的经济激励，以调和旅游业发展与生态保护之间的矛盾。因此，旅游生态补偿成为旅游地可持续发展理论研究者与实践者关注的焦点。下文基于国内外理论研究与实践进展，较为系统地梳理与评析了旅游生态补偿的概念内涵、补偿主客体、补偿标准、补偿模式和保障体系等多方面研究内容，进而提出了补偿空间范围及其等级区划、补偿标准及其时空分配、兼顾公平与效率的补偿机制以及补偿绩效等旅游生态补偿研究中应进一步关注的问题。

（一）引言

旅游业的发展必然建立在对生态环境等资源的保护性开发基础上。由于旅游者在整个旅游过程中对生态的占用往往高于旅游地社区居民日常生产生活的平均水平（李鹏等，2007；蒋依依等，2007），因此，规模不断扩大的旅游活动对于旅游地生态环境结构与功能的影响已经引起广泛关注（Jurado E N et al，2011；King Y et al，2012）。合理有序的旅游业发展不仅能够有效控制与管理生态影响，同时能够提升区域经济实力，改善社区居民生活水平，为旅游地生态保护提供资金，提高生态保护的主动意识，从而为区域可持续发展提供更大动力（Scheyvens R et al，2012；Snyman S L，2012）。如果单纯为维护生态功能，限制或禁止旅游业开发，既会使旅游地丧失一定的发展机会，减少就业机会，也势必削弱社区居民保护生态的积极性。因此，探索平衡旅游地发展与生态保护之间矛盾的有效措施显得尤为重要。

对旅游地生态环境的保护需要协调多方利益主体。旅游地是由于旅游流的产生、分配、集聚与扩散而形成并成长的复杂、开放的地域综合体，涉及政府、企业、旅游者、社区居民等多个利益主体（章锦河等，2005）。各利益主体作为不同的目标载体，对于旅游业发展以及生态保护的诉求各有差别。在有限资源分配中的利益驱动下，各利益主体为实现相应目的必然会产生冲突与矛盾。因而，为实现旅游业发展与生态保护的兼顾，必须在利益相关者之间建立一种平衡关系和制约机制，使各利益相关者找到利益与责任的均衡，才能从根本上解决旅游业发展与生态保护的冲突，从而促进整个旅游目的地体系的持续发展（刘静艳，2006；Jamal T et al，2009）。

旅游生态补偿作为一种"内在协调"方式，能够在整体上宏观调节所有相关利益主体关系与行为的基础上，达到促进旅游业持续发展与生态功能恢复治理兼顾的目的，已经成为旅游业可持续发展领域关注的科学问题。

（二）研究进展

1. 概念内涵

明确生态补偿的概念与内涵对于在实践中准确把握政策方向以及合理设计和选择具体制度，具有重要现实意义。生态补偿概念起源于生态学理论，专指自然生态补偿的范畴（赖力等，2008）。20世纪90年代之后，生态补偿被引入社会经济领域。从本质上来说，生态补偿是一种对生态建设赋予价格的行为，通过经济补偿实现生态效益的市场交换（黄富祥等，2002）。旅游生态补偿研究是近年来随着旅游业的迅猛发展而逐渐兴起的新兴研究领域。早期个别学者对某些特定类型旅游资源的价值进行核算的研究（Donnelly D M et al，1986；Willis K G et al，1989）被视为旅游领域生态补偿研究的基础或起点。旅游产业作为旅游地资源利用的重要途径，为旅游地提供了市场化的生态补偿途径。特别是对于生态环境良好但经济相对落后的自然旅游地，旅游生态补偿制度的实施对于环境建设与生态服务价值增值具有积极的实践意义（张一群等，2012；刘敏等，2013）。但国内外学界专门针对旅游生态补偿进行的研究并不多见，同时由于侧重点不同及生态补偿本身的复杂性，对旅游生态补偿概念内容的认识到目前为止尚未统一。

从狭义上来看，旅游生态补偿主要从旅游生态服务价值实现的角度进行界定。实质上是一种基于交换的支付行为，是就旅游生态服务的提供与受让而进行的交换（莫延芬，2010）。与其他生态系统不同的是，旅游地属于能够提供具有高效用价值服务的特殊生态系统，能够在生物多样性等基本生态服务基础上提供包括景观欣赏、艺术文娱、精神洗礼等在内的旅游服务（冯凌，2010；蒋依依等，2008）。因此，对旅游者而言，旅游地存在使用价值与非使用价值（Dharmaratne G S et al，2000）。前者表现为能够进入旅游地观赏与娱乐的支付，生态补偿往往通过门票与旅游消费的形式体现。后者表现为维持生物多样性的支付，补偿通过旅游者自愿支付或以资源保护费/使用费等形式收取。

从广义上来看，旅游生态补偿是通过运用政府调控与市场化运作，内化相关旅游资源开发活动产生的外部成本，调整相关利益者保护或破坏旅游资源活动产生的环境利益及其经济分配关系的制度安排（杨一容，2009）。广义内涵由单纯针对生态服务的收费，拓展到对旅游地生态环境保护利益相关主体以及不同地区之间发展机会平衡的兼顾。由于狭义的旅游生态补偿形式往往难以体现社区居民的机会成本损失，生态服务价值的测定依赖于旅游者的特定审美喜好与娱乐经验（Landell-Mills N et al，2002；任勇等，2008；卢艳丽等，2009），因此以旅游社区参与为代表的广义旅游生态补偿更加符合旅游地经济发展与生态建设实践的可持续发展需要。

2. 补偿机制

补偿主客体、补偿标准、补偿模式以及保障体系是建立旅游生态补偿机制的核心内容，是补偿政策和资金能否顺利实施和发挥作用的关键，也是补偿项目能否成功的决定因素。因此，补偿机制成为旅游生态补偿研究的重要内容。

（1）补偿主客体

承载旅游活动与满足旅游需求是旅游地发展的主要功能，也是区别于其他功能地域的标志。以旅游者活动为核心的相关建设、改造与管理成为损害旅游地生态环境的重要因素，其相关利益主体，如旅游者、旅游企业，以及旅游管理部门等成为旅游生态补偿中最为主要的补偿主体。因此，目前的研究当中，对旅游生态补偿的主体界定有以下几种类别：①旅游者。旅游者利用旅游资源实现了旅游体验的满足，并在使用过程中不同程度地造成了旅游资源的破坏，应该承担相应责任（易艳，2011）。但由于对旅游使用价值与非使用价值理解的不足，旅游者支付意愿往往低于生态补偿所需，同时旅游相关企业也因担心影响旅游业发展而不愿增加对旅游者收取的费用（Dharmaratne G S et al, 2000）。②旅游企业。由于旅游企业利用生态旅游资源获得了客观的经济效益，因此旅游企业理应成为旅游生态补偿的主体（马勇等，2010），如旅行社是旅游业对上游生态保护产业实施补偿的直接主体（吴菲菲等，2009）。③政府部门。旅游资源的公共物品属性与巨大资源价值意味着私人无法承担全部补偿费用，政府部门需要将维持旅游资源的价值作为一项非营利的政府行为，因而从中央政府到地方政府都应该成为补偿的主体（易艳，2011；马勇等，2010）。④其他主体。包括各类环保组织及基金会等（马勇等，2010）。此外，有学者认为应该根据旅游地的不同级别，来确定相应的补偿主体，如具有世界意义的旅游地应争取国际社会的补偿，国家意义的旅游地，政府应作为享受生态服务的全体公民代表购买生态服务，并对做出牺牲的社区居民给予补偿（吴耀宇，2011）。

对于补偿对象的划分，总体而言，可以归纳为三种不同理解：①对生态系统的补偿。生态系统是指旅游业利用或依赖的生态环境，补偿的目的是恢复生态环境由于旅游相关活动而受到干扰后的自我调节、自我恢复的能力（张一群等，2012）。②对人的补偿。旅游生态补偿中所涉及的人包括生态破坏的受损者、环境治理中的受损者、生态环境治理者与生态环境维护者等（马勇等，2010）。由于旅游地社区居民放弃其他发展机会的损失是外部环境成本补偿的主要体现，因此属于旅游生态补偿的主要对象（刘敏等，2013；杨一容，2009；易艳，2011）。但在具体实践当中，对于社区居民，特别是土地所有者的补偿往往被忽略，尽管这种情况现在已经开始改变，但是旅游地提供免费或低于市场价值的旅游服务的行为容易削弱私有土地所有者诉求补偿的能力（任勇等，2008）。③对产业的补偿。与生态环境保护和建设相关的林业、水利等产业，以及养殖业、种植业等利益受损产业是旅游业发展需要进行补偿的相关产业（吴菲菲等，2009）。

（2）补偿标准

补偿标准是生态补偿的核心，关系到补偿的效果和可行性。一般来看，生态补偿标准是生态效益、社会接受性、经济可行性的协调与统一，标准决定因子应该是多元化的（赖力等，2008）。国内外对于究竟应如何确定补偿标准仍然存在不同观点。目前核算旅游生态补偿标准的研究比较零散，但大体可以归纳为四种思路：

①旅游资源价值评估。旅游资源价值是目前国内外旅游生态补偿标准的主要依据（章锦河等，2005）。该方法运用的前提是旅游资源服务功能的认定和评估，同时具有较为完善的市场机制（郑敏等，2008）。国内外旅游资源价值评估的主要方法包括旅行费用法（Travel Cost Method，TCM）（刘亚萍等，2012；Bestard A B et al，2010；Baerenklau K A et al，2010；Zandersen M et al，2009）、享乐定价法（Hedonic Priced Method，HPM）（Poudyal N C et al，2009；Tapsuwan S et al；2012）和景观美学价值评估（Landscape Aesthetic Assessment，LAA）（段锦等，2010；杨职优等，2012；Daniel T C，2001）。各类评估方法各有利弊，详见表1-1。

表1-1 旅游资源价值评估方法及评价

类型	方法	优势	不足
旅行费用法TCM	通过旅游者实际消费行为，推导相关旅游资源的价值，具体包括往返的交通成本、时间机会成本以及游览过程中的实际花费（赵玲等，2009；查爱苹等，2010）。	从经济的角度证明旅游资源的直接使用价值（赵玲等，2009）。	评价结果依赖于可观察的行为，往往忽略非使用价值（Zandersen M et al，2009）。应建立研究区旅游者旅游成本与旅游率的数学模型，进而导出游憩价格需求函数，再求消费者剩余，加上研究区在预期市场上表现出来的价值，其和作为研究区的游憩价值（戴君虎等，2012）。
享乐定价法HPM	根据人们为优质环境的享受所支付的价格来推算旅游资源价值的一种估价方法（Tapsuwan S et al，2012）。	以实际交易价格数据为基础，具有较强的客观性和真实性，估算的系统误差较小（綦非，2011）。	由于只能评价已经完成交易的项目，并且只考虑了房价升值部分，容易导致补偿标准偏低。评价模型具有经验性，方法相对复杂（綦非，2011）。
景观美学价值评估LAA	以人的判断力为基础，从理性层面、感性层面与审美层面，使用度量指标，得出关于旅游资源景观属性的判断（罗涛等，2012）。	人的感受与体验优于任何仪器和评价系统，能够体现资源的整体价值（罗涛等，2012）。	难以将景观美的定义和内涵科学地表达为可测量的指标。评价模型往往带有设计者的主观性，导致评价体系的适用性受到很大的局限（罗涛等，2012）。

②机会成本损失核算。机会成本损失核算也是旅游生态补偿标准核算的重要方法。机会成本的损失，既包括直接的经济损失，也包括因发展机会丧失所造成的间接损失。目前核算发展机会成本主要有两种思路：一是由于发展旅游业的生态保护需要，旅游地社区居民放弃原有产业所造成的直接经济损失（章锦河等，2005）；二是以旅游地人均收入与更大区域人均收入差距作为基准（马勇等，2010）。目前的研究中，对于旅游开发建设与生态保护项目使旅游地居民的耕地与林地减少、劳动力剩余等损失的核算重视不足，因此仅以机会成本进行核算的旅游地生态补偿标准容易被低估，可能导致社区居民所获补偿低于其放弃的生产成本。

③保护成本确定。保护成本确定是进行旅游生态补偿的一种现实方法。具体方法是按照实施保护管理所需要的人力、物力进行成本核算，并以此确定补偿的标准（马勇等，2010）。该方法的优势在于补偿量核算依据易于接受，但是核算方法不够成熟，不确定性较大。

④支付意愿确定。该方法主要通过询问旅游者对保护与改善旅游资源质量的支付意愿而实现对旅游生态补偿标准的确定（阮氏春香，2011；Barry L et al，2011；Rulleau B et al，2012；Prayaga P et al，2010；郭剑英等，2005）。从相关研究成果来看，旅游者对于旅游生态补偿表现出相当的支付意愿（McKercher B et al，2010；Gössling S et al，2010；Smith I J et al，2009；Clem T et al，2003；Barnes J I，1996；Barnes J I et al，1999；Matthew C，2011）。支付意愿的高低与收入的多少没有关联性，而取决于旅游者的态度（Gössling S et al，2010；Brouwer R et al，2008；Gössling S，2009；Dimara E et al，1998）。其中，对于自然保护的支付意愿远大于对于景观美感的支付意愿，对于自愿支付的补偿意愿要高于通过门票、保护费等形式的支付方式（Bienabe E et al，2006）。总体而言，该方法通过直接询问旅游者的支付意愿，能够体现与推动"公众参与"，有助于提高旅游者参与恢复与保护生态环境的主动性。但旅游者支付意愿往往较低，如果仅仅将支付作为旅游生态补偿的位移途径，显然与所需费用差距较大（王群等，2012；赵玲等，2009）。

为弥补各类方法的不足，综合运用多种方法成为研究的发展趋势（孙京海，2010；Brander L M et al，2007；Bartczak A et al，2008）。部分学者认为，需要依据不同方法设定旅游生态补偿标准的最低标准与最高标准（张理英等，2007）。章锦河提出，将旅游地社区居民退耕还林还草的收益损失价值作为生态补偿最低标准，而以退耕还林还草的游憩功能价值为最高标准，其中选择以旅游者与社区居民生态足迹效率之差来作为调节系数（章锦河等，2005）。马勇等（2010 b）认为，生态补偿最低标准应该包括生态保护者的直接投入、实施生态保护导致的机会成本、生态保护过程中的组织管理费用与生态破坏的恢复成本，最高标准应包括生态服务价值。

（3）补偿模式

补偿模式设计与机制建设通过制度创新，有效地将资源环境产品的外部性内部化，能够优化资源配置，促进生态资本增值（赖力等，2008）。补偿模式由于涉及的层次、时间、区域等不同，导致主客体以及标准不尽相同，使模式本身具有多样性。

在实践当中，旅游生态补偿主要通过市场交易模式，按照交易价格进行补偿。具体的补偿模式包括：以旅游景区、公园、场馆等门票销售收入实现的产权界定与市场化经营；以媒体传播等形式销售无形价值；以旅游消费带动区域整体发展（冯凌，2010）等。

对于理想化的补偿模式划分，可以是直接的或间接的，政府主导的或市场主导的，自然的或社会经济的等等。①直接、间接以及混合补偿模式。马勇等（马勇，2010a）从直接与间接的角度将补偿模式划分为两种类型，即由各级政府直接补偿给社区居民和生态环境，以及由各级政府通过补偿旅游业，再通过旅游业的发展对社区居民和生态环境进行补偿。张理英等进一步提出直接、间接以及混合补偿的三种模式（张理英等，2007）。②费用补偿与效用补偿模式。易艳认为，补偿模式可以分为费用补偿与效用补偿两种类型，费用补偿主要指为维持旅游资源和居民效用不变所产生的费用，效用补偿主要指保持或达到旅游资源原有的效用水平以及维持社区居民原有的生活水准（易艳，2011）。李静等在此基础上将效用补偿细分为实物补偿、技术补偿与奖励补偿（李静等，2010）。张一群等根据补偿对象的不同，划分为价值层面的补偿与物质层面的补偿，其中对人的补偿属于价值层面的补偿，目标是促进特定产权主体有动力继续或更好地提供某种旅游生态效益，对生态系统的补偿属于物质层面的补偿，目标是推动旅游地生态系统健康恢复（张一群等；2012）。③其他模式。马勇等（马勇，2010b）提出了政府主导市场推动、区域联动共建共享、项目带动重点突破等划分方式。米姗姗等从政府主导的角度提出财政转移型、反哺式、异地开发、公益型等补偿模式（米姗姗等，2007）。

（4）保障体系

设立保障体系是对旅游生态补偿的管理与监督，力求使补偿机制能够发挥实际作用。

对于管理体制，首先需要通过立法的方式将旅游生态补偿方式和标准的制定与实施以法律的形式确定下来（吴耀宇，2011；郭田田等，2011）。同时需要建立高效的监管机制，形成由旅游、林业、水利、土地管理、环境保护等相关部门共同组成的管理委员会，在明确各部门权责的基础上行使旅游生态补偿工作的组织、协调、监督等相关职能。由于政府主导作为一种"外部约束"力量，在实施过程中存在管理成本高、资金使用效率低、项目执行期后效果难以为继等缺点（王辉民，2008），因此需要通过市场化机制进行补充。特别是在中国生态补偿市场交易条件还不很成熟的背景下，旅游业以其资源产权比较容易界定、受益主体较为明确等特点，以及普及化、大众化的发展趋势和带动能力强、乘数效应大的自身优势，完全可以成为引入市场竞争机制实施生态补偿的优先领域，在生态补偿的市场化途径中发挥重要作用（张一群等，2013；刘敏等，2013）。同时，需要建立激励社区居民参与旅游发展的机制，通过推动信息公示、参与决策咨询以及建立利益分享机制等方式，保障社区居民权益。

对于补偿资金的征收与管理，应该建立由利益主体各方参与的多元化、多层次和多渠道的补偿金融资体系，具体包括公共财政预算资金、专项补偿基金、社会捐赠等。考虑到中国的实际情况，可由各相关资源管理部门征收生态环境补偿费，或由环境保护部门代为统一征收，由居民、旅游开发者、政府代表等多方利益相关者组成的机构来完成管理工作，实行收支分开（易艳，2011）。为发挥补偿的效用，可以通过建立集体发展基金、培训基金、福利基金等形式，真正推动旅游地自我发展能力的提升（吴耀宇，2011）。

（三）研究展望

总体而言，西方学界对旅游生态补偿研究的关注较少，已有研究主要集中于旅游资源的价值核算、旅游者和社区居民的支付或受偿意愿调查等方面。而国内学界在旅游生态补偿领域研究的深度和广度正在逐步拓展，研究方法由定性分析趋向定性和定量方法的结合，研究的内容逐渐扩展到旅游生态补偿的主体、对象、方法、标准、法律制度、政策措施等多个方面，但仍然处在探索阶段，对于旅游生态补偿研究的总体关注度不够，特别是对于旅游生态补偿中的关键性问题，如补偿空间的确定及其等级区划、补偿标准的评测及其时空分配，补偿模式的系统整合研究，模式选择的可行性和预期效率研究，补偿社会经济效果与环境影响评估等方面研究还相当缺乏。建议未来的研究需要进一步关注以下几个方面：

（1）科学研究旅游生态补偿空间范围及其等级区划。旅游活动的类型、强度与空间范围均区别于一般的人类活动，因此旅游活动对生态系统的影响程度表现出明显的空间差异性（蒋依依等，2009）。同样，社会居民因生态保护放弃的机会成本，以及参与旅游业的经济收益等都呈现出空间异质性。现有研究较少考虑上述因素空间变异规律对于旅游生态补偿的影响，而往往将研究区域视为均质，利用景区边界、行政边界框定补偿对象空间范围，容易导致"部分人负担，部分人受益"。为了真正促进区域发展的公平与效率，发挥旅游生态补偿应有的效果，需要在综合评估旅游活动生态影响空间异质性、厘清相关利益主体责任及受益程度、分析相关利益主体发展需求与承担能力的基础上，明确旅游生态补偿空间范围及其等级区划。

（2）合理确定旅游生态补偿标准及其时空分配。国外学者基于环境公平理论，指出生态补偿的内容应由事后的破坏补偿向事前的使用价值补偿转变（Antonio A，2004）。由于关系到补偿力度与效果，旅游生态补偿的标准成为补偿机制建立的核心问题。内化保护或破坏生态环境行为的外部性是确定生态补偿标准的依据。由于外部性的错综复杂，使得如何准确量化成为难题。目前国内外研究中专门针对补偿标准的研究还比较少，现有研究主要集中在旅游资源价值评估以及旅游者生态保护的支付意愿上，既缺乏对于不同补偿客体补偿标准的差异研究，也缺乏动态补偿和贴现研究，还缺少空间分配、等级划分与幅度选择的研究。因此，需要运用多元研究方法，将直接市场、替代市场与假想市场技术相结合，探索建立理论标准。同时结合旅游资源特征、生态环境本底、补偿主体支付能力等实际因素，确定切实可行、现实有效的标准。

（3）加强以公平与效率兼顾为目标的旅游生态补偿机制研究。旅游生态补偿作为一种经济手段，是经济利益的重新分配，涉及众多主体的利益调整。因此在补偿机制确定过程中，需要研究系统化的制度安排，通过提高相关利益主体的参与程度、全面评估各相关利益主体的支付与受偿意愿等，反映不同利益主体的诉求与意愿，特别是保障社区居民等弱势群体的生存与发展权利。旅游生态补偿的市场机制发育，既可以缓解以政府为主导的补偿压力，又可以促进生态补偿的公平性。所以应积极研究旅游碳交易等补偿的市场体系与市场机制，推动补偿逐渐成为市场性的经济活动。

（4）推动旅游生态补偿绩效研究。对于补偿效果的评估，部分学者提出设立生态补偿绩效评估机制，定期评估补偿资金使用之后环境状态的改善情况（李静等，2010）。为了旅游生态补偿机制的真正落实并能及时跟踪反馈其实施效果，以便为寻找更加高效的生态补偿对策提供方向，需要进行旅游生态补偿的绩效研究。由于旅游生态补偿的绩效受多种因素综合影响，因此建立系统化的绩效评估指标体系，客观反映旅游生态补偿后产生的系列效应与影响，成为对实施效果进行有效评估的关键。

（5）综合运用多种研究方法并加强案例研究。旅游生态补偿研究是涉及内容广泛而现实性又很强的一个学科领域，必须综合运用生态学、经济学等相关理论与方法，将自然科学与社会科学有机结合。现有研究，特别是国内研究大多从宏观角度考虑旅游生态补偿政策的设计与实施，缺少具体案例研究的支撑，对实践工作的指导相对有限。对于中国而言，由于地域广袤、经济社会发展程度差异显著，旅游业发展的类型与程度多样，需要对生态环境状况，地方旅游业发展状况，以及旅游业发展对于生态环境是否具有显著影响作用等因素，经严格科学论证后，再综合判断旅游生态补偿的类别，并以此为基础制定针对性的补偿主客体与补偿模式。例如对于自然景区与人文景区，需甄别以生态环境或以社区居民为主的补偿客体，对于处于不同发展阶段的景区，需建立以政府主导或者以市场主导的差别化补偿机制，以提高补偿的针对性与有效性。这种情况下，迫切需要我们开展实地研究，一方面获得研究所需数据，另一方面通过样本研究的积累，升华理论研究，并促进补偿实践，从而达到以研究工作推动实践开展的目的。

三、研究内容与方法

研究选择生态环境脆弱，近年来旅游业快速发展的云南省玉龙县为研究区。在深入分析不同区域旅游活动类型与强度，以及对景区内部及周边社区居民开展调查的基础上，利用旅游者与社区居民的生态足迹效率差异，以确定生态补偿的标准。在深入分析旅游活动与生态环境耦合关系与空间关系的基础上，确定生态补偿标准的空间差异与补偿的优先顺序。并通过拟合旅游活动与生态环境耦合关系的变化，预测生态补偿标准的发展趋势。以此探索建立合理的旅游地生态补偿机制，规避旅游业发展过程中由于利益"分配"失衡所导致的生态环境问题，并为我国西部旅游业迅速发展的旅游地提供借鉴。

（一）研究内容与创新点

1.旅游地生态补偿相关理论研究

第一，对旅游生态补偿的概念内涵、补偿主客体、补偿标准、补偿模式和保障体系等多方面的研究进展进行了梳理；第二，对辨析旅游发展对生态环境的影响、旅游生态补偿标准的确立、区分两个层面的旅游生态补偿以及区域内旅游生态补偿的主客体和生态补偿的实现等问题进行了深入思考；第三，系统梳理了生态系统服务及其价值、旅游目的地系统理论、外部性理论和公共产品理论等旅游地生态补偿的理论基础与依据；第四，从旅游地生态功能的类型、结构和特征，生态功能变化的影响因素和优化途径等角度，分析了旅游地生态功能关系结构及其优化途径，以期为旅游地生态补偿利益主体间的相关关系理解奠定分析基础。

研究在现有研究成果的基础上，基于国内外理论研究与实践进展，系统论述和发展了旅游地生态补偿的概念与内涵，补充了目前对于旅游地生态补偿的内涵定义、理论框架，特别是弥补了标准、空间选择以及机制构建等方面的深入和系统研究还非常有限的不足。认为生态补偿是旅游地综合运用政府和市场手段协调旅游地生态保护利益相关者之间利益关系的重要手段，以激励相关各方从事旅游地生态保护与建设的积极性，实现旅游地生态功能的保护、恢复和增值。

2. 旅游地生态补偿标准研究

首先，在问卷调查、统计资料和遥感影像解译结果基础上，以生态保护过程中利益相关程度最高的社区居民为补偿对象，以土地价值为核算载体，利用生态足迹效率测算方法，计算了基于社区居民机会成本的生态补偿最低标准，基于游憩功能价值的合理标准与基于投入和收益之和的最高标准；其次，基于旅游功能关系结构分析，利用问卷调查与统计资料，追溯玉龙县旅游者与社区居民生态足迹变化历史，在此基础上拟合旅游者与社区居民生态足迹变化趋势，结合对生态承载力变化与功能关系结构变化的预测，分析了未来5~10年玉龙县生态补偿标准的变化趋势。

研究初步建立起旅游地生态补偿标准的计算框架。通过以土地为载体，以生态足迹与旅游生态足迹效率为方法，体现单位土地所承载的基本生产功能以及在此基础上附加的旅游功能叠加价值，以此确定旅游地社区居民的生态补偿标准，能够同时反映旅游地生态保护与旅游业发展的双重内容，还能反映与土地密切相关的社区居民生产、生活及发展的问题。

3. 旅游地生态补偿空间选择研究

首先，以社区居民为补偿对象，以不同乡镇为空间单元，以单位土地的机会成本、游憩功能价值以及生态服务功能为标准载体，构建旅游地生态补偿空间选择模型，对研究区内各空间单元的补偿标准划分进行研究；其次，依据人均补偿标准，划分优先补偿区、次级补偿区、中等补偿区、临界补偿区与潜在补偿区5个等级，并据此提出生态补偿的空间顺序。

研究构建的旅游地生态补偿空间选择模型，可以计算区域间的不同标准并安排不同的空间分配顺序，体现了区域间平等的发展权。在资金有限的情况下，能够使资金的生态效用最大化。研究打破了旅游地作为空间均质的假设条件下所制定的均一化生态补偿标准，能够促进区域间的平衡与持续发展，特别是在一定程度上解决了部分没有机会或能力直接参与旅游业的社区居民在分配中获益极少的问题。

4. 旅游地生态补偿机制的建立

以玉龙县生态补偿空间与标准的研究为基础，探索建立旅游地生态补偿机制，为西部旅游业发展的典型区域制定旅游业可持续发展规划与政策提供参考。首先，借鉴国内外旅游地生态补偿机制构建的成功经验；其次，对如何优化旅游地生态功能关系结构进行全面的分析；最后，构建了包括补偿主客体、补偿方式、渠道以及评价监督机制在内的旅游地生态补偿机制。

研究探索了以政府为主体的纵向投入，以及多方参与的横向投入相结合的准市场机制，强调了需要将社区居民作为最重要的补偿客体，并通过土地赋权同时辅以政策与智力补偿的综合性方式加以补偿，同时建立完善的评价监督机制以提高生态补偿绩效，以此构建具有较强可操作性的旅游地生态补偿机制。

（二）研究方法与框架

1. 对现有理论进行系统梳理，为旅游生态补偿的理论、标准、空间选择与机制构建奠定基础

在理论研究方面，研究在对现有的生态补偿、旅游地生态补偿、生态系统服务及其价值理论、旅游目的地系统理论、外部性理论和公共产品理论等理论文献和研究成果进行系统梳理的基础上，较为系统地发展和阐述了旅游生态补偿的理论概念、内涵，丰富了补偿标准与空间选择等方法，以便更好地服务于本研究。

2. 在"3S"技术综合支持下，结合问卷调查等方法，建立满足研究需要的基础数据平台

第一，以云南省玉龙县1988—2011年同季相高质量Landsat TM/ETM数据为主体，收集、整理、购买研究所需要的遥感数据、辅助专题数据（如土地利用、植被、土壤、水文、气候等），结合野外调查，进行相关预处理；第二，收集整理区域发展（区域规划）、人口、产业、交通、旅游业（旅游者规模、旅游收入、旅游景点分布、旅游规划）和生态环境等相关社会经济数据；第三，为弥补影像数据与统计数据的不足，研究选取较大规模的旅游者样本，利用问卷来收集第一手的数据资料，并在问卷基础上进行统计分析，从中获取旅游活动类型、空间分布与生态需求等信息；第四，从旅游业发展、生态保护与社区居民之间的关系出发，选取景区及周边的社区居民进行问卷调查与实地访谈，了解就业机会、生态保护对资源利用的限制与补偿、耕地的种植、家畜的饲养和放牧、非木林产品的采集、狩猎、社区在旅游业中的参与、旅游收入与农业收入比较、旅游收入分配状况等信息。

3. 以生态足迹为基础，结合生态服务价值与机会成本，判定旅游地生态补偿标准与空间选择的优先顺序

生态足迹是从需求的角度，通过度量满足人类生存所占用的土地资源来评估人类活动对生态环境的影响程度。生态足迹指能够持续地向一定规模的人口提供资源和消纳废物的生物生产性土地，其计算基于以下两个基本事实：第一，人类能够跟踪自身所消耗的绝大多数资源及所产生的废弃物数量，找到其生产区和消纳区类别；第二，这些资源和废弃物的大部分都能转换为提供或消纳这些具有生物生产力的陆地或水域面积。其中，社区居民的生态足迹可以通过自下而上的消费商品统计、生物生产性面积计算、产量调整和等量化处理等步骤得到。旅游者的生态足迹通过利用问卷调查、遥感测量与统计资料等数据，分别计算餐饮、住宿、交通、游览和购物等旅游活动的生态消费，并转换成生物生产性土地面积后加权汇总而成。以旅游者与社区居民生态足迹效率的差值作为旅游地生态补偿标准判定的基准。

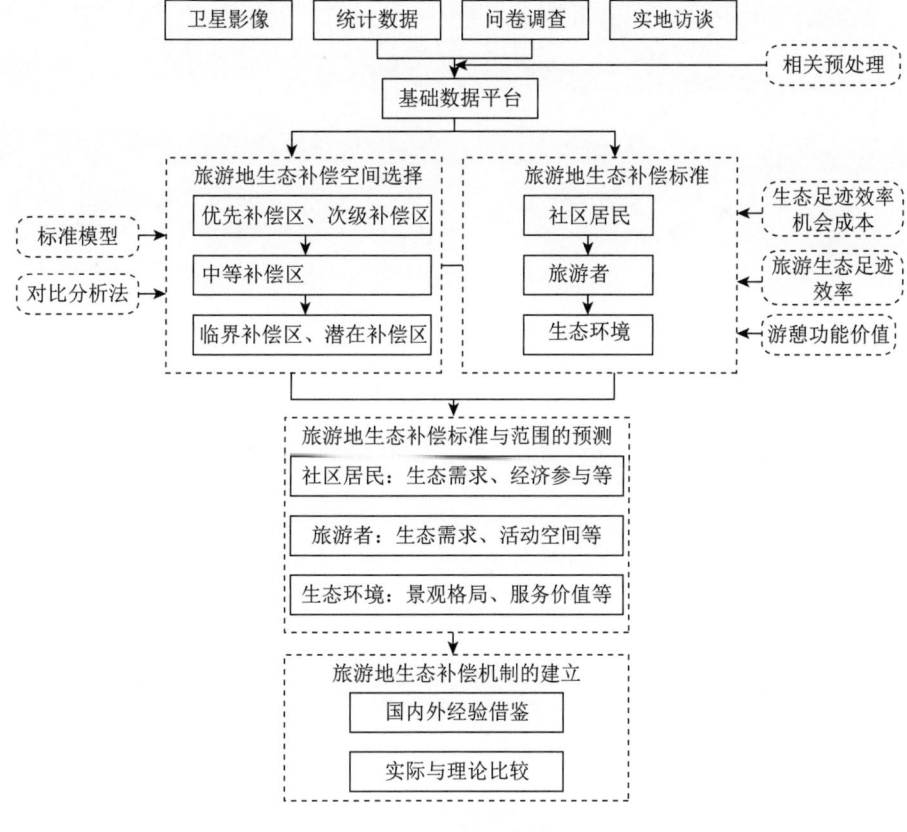

图1-1 研究思路与框架

第二章
理论研究

一、旅游地生态补偿的理论基础与依据

（一）生态系统服务及其价值

生态系统作为地球生命支持系统，是人类赖以生存的基础。人类在开发和利用生态系统过程中，只片面强调其市场价值或直接使用价值，往往忽略了生态系统所具有的其他生态效用或生态价值，生态系统对人类社会的效用被低估（Costanza R et al，1997），生态系统面临日益严重的压力。随着对生态系统结构和功能认识的不断深入，人们日益认识到，只有对生态系统服务价值进行正确的量化研究，才能充分反映和显示生态系统为人类提供的巨大效益，促进自然资本开发的合理决策，避免损害生态系统服务的短期行为。

1. 生态系统服务的提出

英国生态学家Tansley（1935）在前人和他本人对森林动态的研究基础上，首先提出"生态系统（Ecology System）"的概念，认为生态系统是生物与环境构成的复合体。Tansley在提出生态系统概念的初始就强调了生物和环境是不可分割的整体，强调了生态系统内生物成分和非生物成分在功能上的统一，把生物成分和非生物成分当作一个统一的自然实体。正如Tansley所言，"我们不能把生物从其特定的形成物理系统的环境中分隔开来，这种系统是地球表面上自然界的基本单位，它们有各种大小和种类"。那么，既然是生物和环境组成的整体，我们不禁要思考，这种整体的外在表现形式和内在联系方式是什么？Tansley的概念里面并没有就这些问题作进一步的回答。

生态系统研究集大成者Odum（1971，1989）解答了这个问题，他认为生态系统表现为生物和物理环境相互作用的统一体，是生态学上的功能单元，两者之间通过能量流动和物质循环而相互作用、相互依存。他还创造性地通过划分系统组分反映生态系统的结构，通过营养动态和能量流动以描述生态系统发展中功能特征的变化规律，并构建大小不同的组织层次谱系。在此基础上，生态系统的概念逐渐得以体系化。生态系统被认为是在一定时间和空间内，生物的和非生物的成分之间，通过不断的物质循环和能量流动而互相依存的统一整体，是一个生态学的

功能单位，其中生物成分包括生物个体、种群、群落或几个群落，非生物成分包括环境中影响有机体的所有物质和能量的组成，即整个环境的综合（杨小波等，2001）。

总体而言，生态系统具有这样一些特点：①边界性（Boundary），生态系统是在一定范围内客观存在的实体；②整体性（Holism），生态系统是以生物为主体，由生物和非生物组成的一个功能整体；③复杂性（Complexity），生态系统各组成要素之间的相互作用是相当复杂的；④有限性（Limitation），生态系统内部资源有限，同时，接纳和储存废物及物质的循环能力等也都是有一定限度的，因此各个生物群落都是有节制地生长，以免过度的拥挤（Kumar H D，1992）；⑤动态性（Dynamic），生态系统具有自组织能力，并在与外界环境的交互作用中发生动态变化。

生态系统概念与理论的提出，促进了人们对生态系统的认识及了解，并且从注重生态系统结构研究逐渐向关注生态系统功能的研究方向发展，为人们研究生态系统服务提供了科学基础。事实上，最早的生态系统服务功能探索，在19世纪下半叶就已经开始。Marsh出版的《Man and Nature》（1965）就记述了地中海地区人类活动对生态系统服务功能的破坏，并注意到了腐食动物作为分解者的生态功能。在SCEP（1970）发布的《人类对全球环境的影响报告》中首次提出生态系统服务功能的"service"概念，同时列举了生态系统对人类的环境服务功能，包括害虫控制、昆虫传粉、渔业、土壤形成、水土保持、气候调节、洪水控制、物质循环与大气组成等方面（SCEP，1970）。Holder和Ehrlich（1974）将其拓展为"全球环境服务功能"，并在环境服务功能清单上增加了生态系统对土壤肥力和基因库的维持功能。Westman（1977）进行了全球环境服务功能、自然服务功能的研究，指出生物多样性的丧失将直接影响生态系统服务功能。随着这些文章的引用，生态系统服务功能这一术语逐渐为人们所公认和普遍使用。

20世纪90年代以来，由于环境问题的日益严重以及环境经济学、生态经济学等学科的发展，人们对生态系统服务的研究给予了较多的关注，并从生态系统过程、生态系统功能及其间接经济价值等多个方面开展综合的研究，不断充实与丰富生态系统服务的内涵，探索其评价技术及生态经济价值的评估方法（刘青等，2012）。1991年国际科学联合会环境委员会组织召开的一次会议上专门讨论了如何进行生物多样性的定量研究，这次会议促使生物多样性和生态系统服务及其价值评估研究成为目前生态学研究的热点（谢高地等，2001）。之后，对生态系统服务的研究取得了较大的进展。其中以Daily 主编的《Nature's Service：Societal Dependence on Natural Ecosystem》（1997）一书和Costanza 等人在《Nature》上发表的《The value of the world's ecosystem services and natural capital》一文最为引人注目。在Daily 主编的专著中比较系统地介绍了生态系统服务功能的概念、研究简史、服务价值评估，认为生态系统服务功能应当包括空气和水的净化、干旱和洪涝灾害的控制、对废弃物的分解、种子的传播等，并分专题对不同生态系统的服务功能，如土壤和森林的生态服务功能、淡水和湿地的生态服务功能等进行了研究。1997年Costanza 等人则对全球生态系统服务进行了划分和评估，他们将生态系统服务归纳为气体管理、气候管理、扰乱管理、水管理、水供应、侵蚀控制和沉积保存、土壤形成、营养循环、废物处理、授粉、生物控制、庇护、食物生产、原料、遗传资源、娱乐文化等17种类型，分别按照10种不同生物群区以货币形式进行估算，并根据生物群区的总面积推算出所有生物群区的服务价值，首次得出了全球生态系统每年的服务价值为$16\times10^{12}\sim54\times10^{12}$美元，平均为$33\times10^{12}$美元（Costanza R et al, 1997）。尽管这一研究因其评价方法与结果在全球引起了广泛的争议，但这场学术争论促进了全球范围的生态系统服务及其价值的评估与应用。

2. 生态系统服务的内涵

由于对生态系统服务功能研究的历史较短，到目前为止，还没有统一的概念。Daily（1997）认为，生态系统服务功能（Ecosystem Services）是指生态系统及其生态过程所形成与维持的人类赖以生存的环境条件与效用。它不仅包括各类生态系统为人类所提供的食物、医药及其他工农业生产的原料，更重要的是支撑与维持了地球的生命支持系统、维持生命物质的生物地化循环与水文循环、维持生物物种与遗传多样性、净化环境、维持大气化学的平衡与稳定。而最具代表性的，也被普遍采用的是联合国千年生态系统评估报告中提到的：生态系统服务是人们从生态系统获得的收益（Millennium Ecosystem Assessment, 2005）。这一定义中生态系统服务来源既包括自然生态系统，也包括人类改造的生态系统，包含了生态系统对人类提供的直接的和间接的、有形的和无形的效益，便于进行生态系统评价与管理（李文华，2008）。谢高地（2008）认为，生态系统服务是指生态系统与生态过程所形成及所维持的人类赖以生存的自然效用。

李文华（2008）提到，对于生态系统服务概念的理解，应该注意与生态系统功能的区别与联系。生态系统服务是建立在生态系统功能基础之上的，是人类能够从中获益的生态系统功能，是人类出现之后产生的；而生态系统功能是生态系统结构的外在表现，是生态系统所固有的本质属性，是不以人的意志为转移的，是人类出现之前就已经存在的。二者不可等同，但联系又十分密切。人类对生态系统服务的利用导致生态系统结构变化和功能退化。如果生态系统功能消失，生态系统服务将无从谈起。因此，生态系统服务的研究和保护必须建立在生态系统功能研究和保护的基础之上。

3. 生态系统服务的特征

生态系统服务的特征主要包括以下几个方面（李文华，2008）。

（1）空间差异性

由于气候、地形等自然条件的差异，生态系统类型多种多样，其服务功能在种类、数量和重要性上也存在很大的空间差异性。由于区域间社会经济条件的差异，生态系统服务对于人们的重要性、利用方式等也存在很大不同。例如，高原生态系统的释放氧气功能比平原更重要，在干旱地区涵养水源功能比湿润地区更重要，在城市生态系统中人工林的娱乐休闲功能更重要。因而，对于全球、国家、区域生态系统服务的研究，需要首先进行生态功能分区，然后选择不同的生态系统服务进行研究。

（2）动态性

生态系统服务是随时间发展变化的。生态系统具有其自然演替过程，受到自然或人为干扰后也会发生相应的变化。例如，因放牧导致草原的退化等。随着社会经济的发展，人们对生态系统服务的认识和评价也会发生变化。生态系统服务必须考虑其动态变化。

（3）整体性

生态系统是由各组成要素相互影响构成的整体，生态系统服务是建立在生态系统的整体性基础上的，是其整体功能的发挥。一种服务功能的提高必然导致另一种服务功能的降低。人类将自然生态系统改变成能够提供更多产品、能够从中获得更大经济收益的农田生态系统，从而导致生物多样性丧失、生态系统整体功能退化，其损失可能远远高于农田生态系统所提供的效益。

（4）范围有限性

生态系统服务的使用价值只能在其影响的空间尺度范围内发生作用，其位置具有固定性，其范围具有有限性。生态系统服务影响范围的不同，使得其收益人群不同、实现的价值和需要采取的管理措施也不同。有的生态系统服务影响全球，如固定碳、生物多样性，实现全球价值；有的服务影响国家或区域，如控制洪水、涵养水源等，实现国家或区域价值；有的服务只能影响周边地区，如调节小气候、供水等，实现地方价值。

（5）用途多样性

生态系统的服务是多样的，各种服务功能发挥作用的大小存在差异，不像市场上流通的商品其使用价值一般情况下是比较单一的。例如，一片森林具有多种服务功能，如果保护这片森林就能获得多种效益；如果将这片森林中的木材全部砍伐，就只能得到一种效益。

（6）持续有效性

尽管生态系统的服务随着生态系统的自然演替而发展变化，但一般来说，自然演替的过程比较漫长，如果没有受到外部干扰，生态系统服务是可以长期存在和持续利用的。相反，如果不可持续地利用生态系统产品和服务，就会导致生态系统退化甚至消失。例如，发展生态旅游有可能从总体上提高生态系统服务，如果措施不当也可能损害其他生态系统服务。

（7）正负效应

生态系统服务具有正负两方面的双重效应。总的来说，自然生态系统为人类提供的服务具有正效应。然而，对于受到人为干扰退化的生态系统或者人工生态系统，其生态系统服务可能具有负效应。

（8）公共物品性

由于环境物品的公共物品属性，许多生态系统服务具有非竞争性和非排他性。有的生态系统产品，能够作为私人物品在市场上进行交易。但绝大多数生态系统服务属于公共物品，如地下水资源、生物多样性、水土保持等，产权难以界定，没有市场价格。

（9）外部性

由于人类的行为对生态系统产生负面的外部效应，导致生态系统服务功能和价值受到损害，间接地对人类的社会经济系统产生不利影响，增加了社会成本。从生态系统服务中受益的人们并没有为此付费，而创建和保护生态系统服务的人们并没有得到补偿。

4. 生态系统服务的分类

尽管存在生态系统界定不明、服务难以划分等问题，但在生态系统服务研究与实践中已发展出多种生态系统服务分类方法。一般而言，生态系统服务分类可以从功能分类和价值分类两个途径进行（孙刚等，2000）。最初对于生态系统服务的分类是基于生态系统本身的功能，逐渐地，为了达到评估生态系统服务的价值的目的，于是将生态系统服务的功能对应相应的经济价值进行分类（赵海兰，2015）。随着研究重点转移到生态系统服务对人类福祉的影响及人类对于生态系统服务的需求，基于需求与人类福祉的分类方案开始受到关注（尹小娟等，2011）。

（1）基于功能的分类

国内外针对不同生态系统的服务功能类型划分的研究较多。较有代表性的有De Groot、Freeman、Daily、Costanza、联合国千年评估等。De Groot（1992）提出将生态系统服务功能分为四大类：调节功能、承载功能、生产功能和信息功能。Freeman（1993）提出另一种四分法：为经济系统输入原材料，维持生命系统，提供舒适性服务，以及分解、转移和容纳经济活动的副产品。Daily（1997）将生态系统服务功能分为三大类：生活与生产物质的提供、生命支持系统的维持和精神生活的享受。Costanza等（1997）将全球生物圈分为远洋、海湾、海草/海藻、珊瑚礁、大陆架、热带森林、温带/北方森林、草原/牧场、潮汐带、红树林、沼泽/洪泛平原、湖泊/河流、沙漠、苔原、冰川/岩石、农田、城市16个生态系统类型，并将生态系统服务功能划分为气体管理、气候管理、扰乱管理、水管理、水供应、侵蚀控制和沉积保存、土壤形成、营养循环、废物处理、授粉、生物控制、庇护、食物生产、原料、遗传资源、娱乐文化17个类型。联合国千年评估（Millennium Ecosystem Assessment，2005）根据评价与管理的需要，将生态系统服务功能分为四大类，即供给服务、调节服务、文化服务和支持服务4大类，共25子类（见表2-1）。联合国千年评估的分类方式在总结了前人观点的基础上明确了各种服务之间的关系，因此得到了大家的广泛认同。

表2-1 生态系统服务功能的分类

供给服务	调节服务	文化服务	支持服务
食物	气候调节	精神和宗教	土壤形成
淡水	疾病控制	娱乐和生态旅游	营养循环
薪材	水调节	美学	第一性生产
纤维	水净化	灵感	
药材	传粉	教育	
遗传资源		地方感	
		文化传承	

（2）基于价值的分类

生态系统服务价值构成是生态系统服务价值的概念核心，同时也是生态系统服务评估的基础。学者们对生态系统服务的价值分类做过深入探讨。欧阳志云（1999）等将其总结为4类，即直接利用价值、间接利用价值、选择价值、存在价值。

直接利用价值主要是指生态系统产品所产生的价值，它包括食品、医药及其他工农业生产原料、景观娱乐等带来的直接价值。直接利用价值可用产品的市场价格来估计。

间接利用价值主要是指无法商品化的生态系统服务功能的价值，如维持生命物质的生物地化循环与水文循环，维持生物物种与遗传多样性，保护土壤肥力，净化环境，维持大气化学的平衡与稳定等支撑与维持地球生命支持系统的功能。间接利用价值的评估常常需要根据生态系统功能的类型来确定，通常有防护费用法、恢复费用法、替代市场法等。

选择价值是人们为了将来能直接利用与间接利用某种生态系统服务功能的支付意愿，例如人们为将来能利用生态系统的涵养水源、净化大气以及游憩娱乐等功能的支付意愿。选择价值又可分为3类，即：自己将来利用；子孙后代将来利用，亦称为遗产价值；以及别人将来利用，亦称为替代消费。

存在价值也称内在价值，是人们为确保生态系统服务功能能继续存在的支付意愿。存在价值是生态系统本身具有的价值，是一种与人类利用无关的经济价值，即使人类不存在，存在价值仍然存在，如生态系统中的物种多样性与涵养水源能力等。存在价值是介于经济价值与生态价值之间的一种过渡性价值，它可为经济学家和生态学家提供共同的价值观。

国外的研究多认为生态系统服务价值包括使用价值与非使用价值，而使用价值包括直接使用价值、间接使用价值和存在价值，非使用价值包括遗产价值和存在价值（戴君虎等，2012）。在OECD（1996）的分类中非使用价值也包括选择价值。中国开展的生物多样性国情研究中提到生物多样性总经济价值包括直接使用价值、间接使用价值、潜在使用价值（包括潜在选择价值和潜在保留价值）和存在价值四个方面（《中国生物多样性国情研究报告》编写组，1998）。

（3）基于需求与人类福祉的分类

生态系统服务研究的根本出发点是人类福祉。生态系统服务管理的重要目标是实现生态系统服务与人类福祉的协同发展（郑华等，2013）。人类对生态系统服务或功能的需求具有一定的选择性。比如，在遭受洪水威胁或水资源缺乏地区，森林的水源涵养功能往往受到特别关注（张彪等，2008）；而在大气环境高污染地区，森林的空气净化功能更加受到重视（Yang Jun et al，2005；Jim C Y et al，2008）。因此，生态系统服务的有效存在与人类的实际需求有着紧密联系。可以说，生态系统过程与功能在加入人类价值取向后形成服务。服务是生态系统与人类福祉的中介，它的存在依赖于自然的供给，也体现着人类价值取向，是实现人类收益的基础（李琰等，2013）。生态系统服务与人类投入结合所产生的收益构成人类福祉。收益进而表现为价值，反映出不同群体的偏好、原则（Chan K M A et al，2012），包括生态、社会-文化、经济价值（De Groot R S et al，2002）。

Wallace（2007）认为管理生态系统过程的目标是为所提供的服务能更好地满足人类需求，因此管理目标应与分类系统相一致，他认为服务分类应考虑生态系统对人类福祉产生的结果，即生态系统对人福祉的贡献（目的），而产生这些目的（服务）的手段（自然过程和资产）不应作为服务，他按照不同人类价值属性将服务分为充足的资源、捕食者/疾病/寄生虫保护、友好自然和化学环境、社会文化成就等4大类别。张彪等建立了基于人类需求的生态系统服务分类体系，将生态系统服务分为物质产品、生态安全维护功能和景观文化承载功能等3类12项（张彪等，2010）。其中，物质产品是指生态系统利用大气、水等组分以及光合作用等生态过程，将太阳能转化为有机质（生物量），从而为人类生产生活所提供的基本物质；生态安全维护功能是指生态系统通过一系列生态过程维护大气环境、水环境、土壤环境以及生物资源等生态安全的作用；景观文化承载功能是指生态系统因其独特的组成或结构作为美学景观、历史文化和科研教育等的载体功能。这种分类体系相对比较简单，易于理解与接受，同时有助于开展基于人类需求差异的生态系统服务时空动态变化与供需平衡研究（尹小娟等，2011）。基于人类需求的生态系统服务分类见表2-2。

表2-2 基于人类需求的生态系统服务分类

人类需求	物质需求	物质产品生产服务	生活资料	生活资料生产服务：生产供给粮食、果品、木材、薪柴等生活资料
			生产资料	生产资料生产服务：生产供给橡胶、纤维、树脂、颜料等生产资料
	安全需求	生态安全保障服务	大气安全	①气候调节：生态系统在局地尺度影响气温和降水，在全球范围吸收或排放温室气体调节气候，提供了适宜人类生存的气候环境。②大气调节：生态系统向大气环境中释放或吸收化学物质，提供了清洁的空气
			水安全	①水文调节：生态系统截留、吸收和贮存降水，调节径流，降低了洪旱灾风险。②净化：水质生态系统滤除、分解降水中的化学物质，提供了洁净的水资源
			土壤安全	①土壤保持：生态系统固持土壤、减缓侵蚀，避免了土地废弃和泥沙滞留淤积。②土壤培育：生态系统截留、分解有机物，提供了肥沃的土地资源
			生物安全	物种保护：生态系统提供生物栖息生活环境，保存了生物多样性
	精神需求	景观文化承载服务	美学景观	景观游憩：提供了与生态系统有关的美学和消遣的机会
			文化艺术	精神历史：寄托与生态系统有关的精神与文化，比如灵感、宗教、故土情结
			知识意识	科研教育：提供观测、研究和认识生态系统的机会，如作为科研教育对象

资料来源：张彪，谢高地，肖玉，等.基于人类需求的生态系统服务分类［J］.中国人口·资源与环境，2010，20（6）：64-67.

5. 生态系统服务价值评估

自然资源价值中引入经济学的概念推动了生态系统服务功能价值评估。在经济学中，福利常用"效益"来表达，因此评估生态系统服务功能的价值是可行的。假如生态系统提供的服务功能未完全进入市场，或者没有把它纳入国民经济核算，就容易使人类在经济活动决策过程中忽略了生态系统服务功能价值，会导致自然资源的过度消耗和生态系统的破坏（谢高地等，2001）。因此对生态系统服务功能价值进行尽可能的估算是实现生态服务等非商品化"自然资本"货币化的有效手段，是政府制定相关政策并实施的重要依据（肖生美等，2012）。

生态系统服务功能的评价方法可以分为物质量评价法与价值量评价法。目前来看，对生态系统提供的服务进行评价以价值量评价法为主（武立磊，2007）。价值量评价法指的是将生态系统所提供的各种服务及其价值运用货币去量化的方法，所得出来的都是货币值，使得人们对于其价值的感知较为强烈，有利于计算出某一生态系统的各项生态系统服务价值，从而有利于纳入国民经济核算体系（刘世梁，2014）。

目前使用的经济学评估方法可以分为4种类型（杨光梅等，2006）：

（1）市场价值评估方法

该方法用于生态系统服务中可以直接在交易中体现的价值的评估，主要适用于物质产品生产服务功能、信息服务功能和一些调节性服务功能的评估。主要局限是由于生态系统的复杂性和动态性，在时间和空间尺度上，各组成部分之间经常为非线性关系，所以使生态系统的供应水平难以预测；同时由于对需要评价的生态系统服务及其与可以市场化的商品之间的内在联系缺乏足够的了解，使评价结果的可信度受到质疑。该方法的使用部分地依赖于对可市场化服务的需求，这意味着市场对生态系统服务的货币价值存在相当大的影响。但是相对其他评估方法，该方法仍然是较有说服力的方法。

（2）非市场价值评估方法

该方法用于一些没有市场价值的生态系统服务的评估，要借助于一些间接措施。主要有如下方法可以用来评估对生态系统服务的支付愿望或失去这些服务的补偿愿望：

替代成本法（Replacement Cost，RC）。该方法主要评估可以通过人工系统进行替代的生态系统服务，如自然湿地污水处理功能可以通过昂贵的人工处理系统来（部分）替代。在应用替代成本法时，关键的问题是对需要修复或替代的生态系统的特征进行精确定义，否则容易导致出现使用范围不准确，而且容易出现替代的不完善性，如水电站的建立不能替代水域的娱乐功能、生物多样性功能和碳吸收功能等。许多经济学家认为：只有大部分人愿意支付由于生态系统服务不存在时所导致的替代行为所需的费用支出，使用替代成本法计算出的货币价值才是有效的。然而如果严格按照该标准，处于贫困地区的人由于没有支付能力，就会使该地区的生态系统得不到保护。多数经济学家也主要针对这一点对Costanza等1997年的研究结果进行批评。这不是一种有说服力的方法，但是在评估过程中使用最多。

旅行费用法（Travel Cost，TC）。该方法主要评估通过旅行体现的一些生态系统服务，旅行的费用可以看作生态系统服务内在价值的体现。如异地的观光者参观某地的价值至少要高于他们支付旅行的费用。该方法的使用存在一系列问题，由于评价结果受不同分析者的影响，使得到的结果代表性难以把握。例如：生态系统如果距离大的人类居住地越近，参观者就越多，计算所得的价值就越大；而相对难以到达的荒野就可能被认为无价值或价值较小。另外参观者对景观的重要性和存在价值认识不够也可能使价值估计不准确。如营养元素循环、传粉、供氧等生态系统服务就不能成为景观价值的一部分。

享乐价值法（Hedonic Pricing，HP）。该方法主要通过人们为相关商品支付的意愿评估生态系统的服务价值，如位于海滩边的房价通常比靠近较差景观的内陆房屋高。该方法的使用使人类乐观地认为，进行交易的商品总会存在一些可以度量的特性用来预测其价格。但是该方法用于自然生态系统的服务价值评估时，由于缺乏一些现实的交易，往往导致参数的选择存在一定困难；如果缺乏可靠的信息，往往对环境的外部性不能准确估计。

条件价值法（Contingent Valuation，CV）。该方法用于评估通过假想市场体现的生态系统服务，主要通过描述不同状况，然后进行社会问卷调查。如通过问卷调查可以要求答卷者提出他们对提高河水、湖水或溪水水质，以便其进行游泳、划船或钓鱼等活动的支付愿望。该方法曾在1600多项关于环境政策方面的研究中得到应用，同时在关于生态系统服务价值的评估中也有所使用。但是众多批评者也指出，该方法存在技术上和概念上的问题，主要是由于这种评估行为不是基于真实的市场行为，其应用往往存在如下局限性：问题设计的合理性，问卷提供的信息以及问题提出的顺序都会影响评估结果；同时，答卷者对问题的理解程度受其已有知识、固有观念以及理解能力的影响，所以评估结果与调查对象的选择有直接的关系。所以条件价值法的调查结果容易存在各种偏差，主要有信息偏差、支付方式偏差、起点偏差、假想偏差、部分—整体偏差和策略性偏差等。

集体评价法（Group Valuation，GV）。目前集体评价法越来越受到重视。这种方法来自于社会学和政治学理论，建立在民主协商的基础上，认为社会政策应该通过社会公开辩论决定，而不是由基于个人偏好的单独测定和加和来决定。该方法的基本思路是：不同的社会团体聚集到一起讨论公共物品的经济价值，讨论结果可以用来指导环境政策的制定。通过一种公平、公开的讨论程序，社会团体可以从被广泛接受的社会价值出发了解公共物品的信息，而不只是局限在私人利益上，其结果增加了社会平等性和政治合理性，通过集体讨论可以形成关于生态系统服务价值的更加完整并且公平的评估。

总体来看，生态系统服务价值评估已经形成较为完整的理论和评估方法的框架。但生态系统服务与自然资本价值评估问题，是一个多学科的综合研究领域，也是一个世界性难题。生态系统过程及其相关数据是评估的基础，经济学理论与方法的创新应用是评估的主要手段，这些学科的有机结合和集成创新是解决问题的关键（虞依娜等，2010）。

6. 生态系统服务与旅游生态补偿

对生态系统服务中与旅游、游憩相关的经济价值的分析和科学分类是旅游生态补偿标准制定与补偿模式选择等相关理论研究与具体实践操作的重要基础。正是在生态系统服务价值评价研究的启发与支撑下，目前国内外在游憩价值评价、旅游生态足迹等研究领域已经形成了较为丰富的理论和方法，积累了大量具有可靠数据与评价结果的实证研究成果。尽管评价的角度、方法与结果不同，但总体而言，促进了政府、企业、公众等相关利益主体对于旅游资源价值的认识，从而有效促进了旅游生态补偿的意愿，同时也为旅游生态补偿标准的确定与模式的选择等提供了辅证参考。特别是在我国国民旅游需求不断增长的背景下，为如何系统、科学地计量旅游开发建设和旅游者活动导致的资源破坏和环境损失的货币量，如何更为准确地衡量旅游资源价值，如何分析不同的空间尺度、不同的旅游资源类型以及不同的旅游产业发展阶段的差异等方面提供了支撑。旅游生态补偿研究需要与生态系统服务研究更加紧密结合，以促进相关理论和实践的发展。

（二）旅游目的地系统理论

1. 旅游系统概念的提出与空间化

"旅游"本身就是一个错综复杂、不确定性强又难以解释的概念。它既指一个特定的人类活动（谢彦君，1998），也是一定条件下产生的一种社会经济现象（保继刚等，1999）。总体而言，涵盖内容包括旅游活动、旅游产业、社会行为、地理现象等。

近年来，旅游研究屡屡采用旅游系统（Gunn C A，1988；Leiper N，1989；Mill R C et al，1992；吴必虎，1998）概念，力图从系统的角度整合旅游研究中各种互为关联又内容广泛的要素。从系统论的观点来看，系统是由不同的组分相互作用相互联系形成的复合体（贝塔朗菲，1981）。由于研究的角度和目的不一，旅游系统组分的划分略有差异。

旅游系统组分的划分通常以功能为依据。旅游系统的根本功能即是满足旅游者的需求，整个旅游系统的存在依赖于旅游需求的存在（李文亮等，2005）。需求对应着供给。围绕旅游的需求和供给两大功能，Gunn最早对旅游系统的组分进行了划分（Gunn C A，1988）。他提出的旅游功能系统（The Functioning Tourism System）概念，由五个要素构成，即吸引物聚合体（Attraction-complex）、交通（Transportation）、信息引导（Information-direction）、服务设施（Service-facilities）和旅游者（Tourists）（见图2-1）。其中，旅游者产生旅游需求，剩余四者形成旅游供给。Gunn于2002年进一步完善了旅游功能系统（见图2-1）（Gunn et al，2002）。对于系统组分的划分，两者差别不大，最主要的不同在于后者更强调系统组分之间的相互作用，强调组分之间的相互依赖性。旅游系统就是将旅游内部相互作用的组分及组分之间的作用关系看作一个系统（钟韵等，2003；刘锋，1999，2000）。旅游系统中任何一个组分发生变化都将引起其他要素的变化。如果旅游者偏好发生变化，旅行成本或模式发生改变，开发了新的旅游资源，提供了新的服务，或者增加了新的促销，原来的旅游系统的平衡状态就会偏移，系统中的其他要素也要发生相应的变化（Gunn et al，2002）。

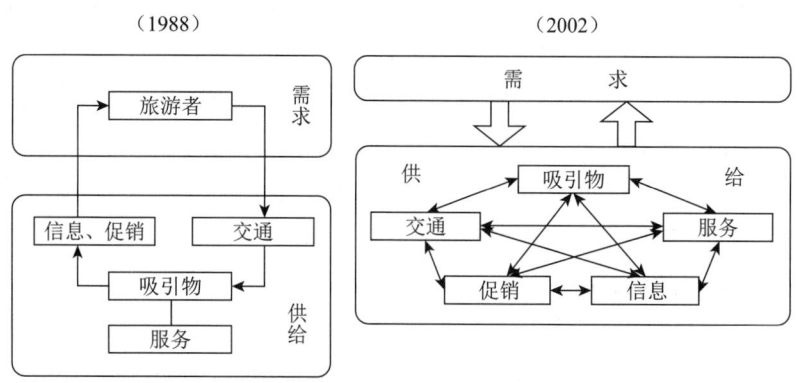

图2-1 Gunn旅游功能系统图（Gunn et al，1988，2002）

在Gunn旅游功能系统的基础上，Mill & Morrison以及吴必虎等人对旅游系统的组分进行了重新梳理（Mill R C et al，1992，2002；吴必虎，1998），旅游系统的功能以及系统各组分之间的相互关系得到了更详尽的表达（见图2-2和图2-3）。在Mill & Morrison的旅游系统模型中：旅游需求功能被分解为市场和旅行，市场是产生旅游需求的地域，而旅行是需求得以满足的行为；旅游供给功能分解为旅游目的地及营销，旅游目的地是产生旅游供给的地域，营销是供给的运作方式。在吴必虎的旅游系统模型中，旅游供给被解构为目的地系统、出行系统和支持系统，他更多地强调在满足旅游需求的过程中，一些"软件"条件，如政策、法规、服务等所发挥的决定性作用。

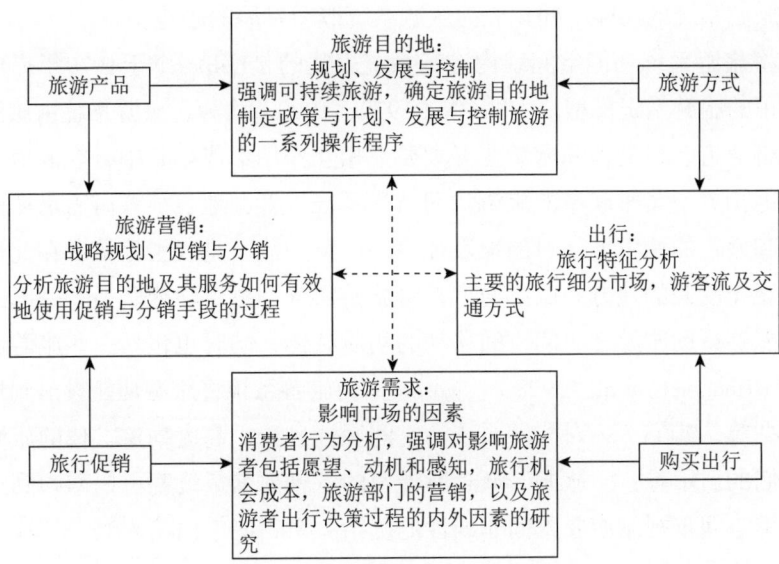

图2-2 Mill & Morrison旅游系统模型（Mill R C et al，2002）

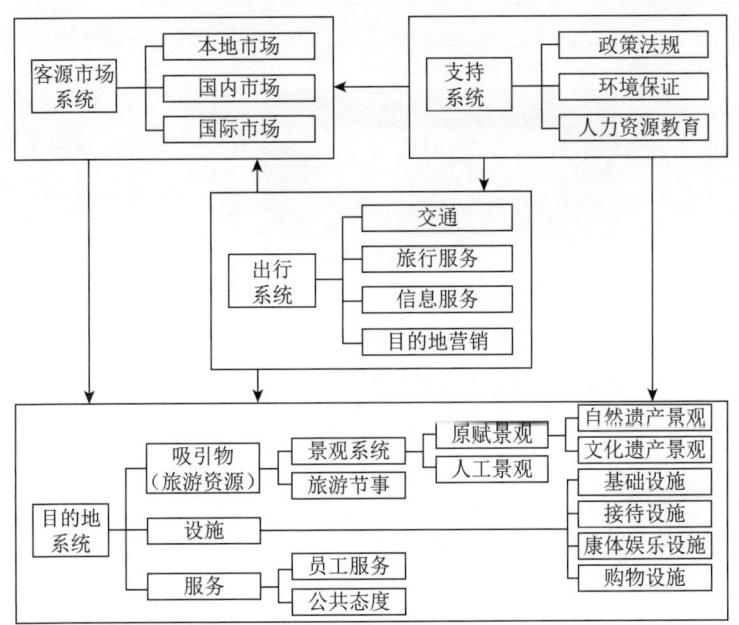

图2-3 吴必虎旅游系统模型（吴必虎，1998）

旅游需求的满足是一个空间过程。旅游者在离开市场抵达目的地，再返回市场这样一个空间活动中获得旅游体验，达到满足旅游需求的目的，从而完成旅游活动。因此旅游系统的功能空间化成为旅游系统概念发展的趋势。

首先将旅游系统功能空间结构进行系统表达的是Leiper N于1979年提出，1990年予以修正的旅游系统模型。Leiper N（1979，1990）认为，旅游系统由旅游者、客源地、旅游通道、目的地和旅游业五大要素相互作用形成。其中，客源地、旅游通道和目的地构成了紧密联系的旅游空间结构系统。客源地表征旅游需求功能，是旅游者居住和旅行的始发地。目的地表征旅游供给功能，是吸引旅游者在此作短暂停留，进行观光度假的地方。旅游通道是将旅游需求和供给功能联系在一起的纽带，不仅包括能够帮助旅游者时间空间移动的物质载体，同时也包括一些旅游者可能参观的地点（Cooper C et al，1998）。Leiper N的旅游系统将旅游功能投射到地理空间上（李文亮等，2005），对旅游系统的空间属性进行了高度抽象。他的旅游系统模型带给我们的启示是："旅游"概念所涉及的各种要素最终都可以回归到空间上，等于从三维空间审视旅游要素间非线性的复杂关系，能够由简入繁、从浅入深地认识旅游系统的内在规律。

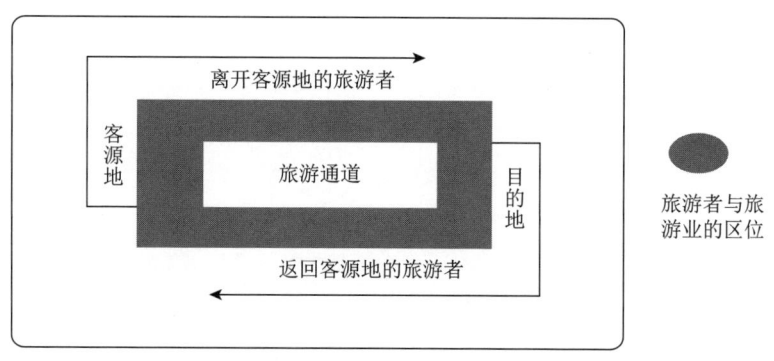

图2-4　Leiper N旅游系统模型（Leiper N，1990）

2. 旅游目的地概念

（1）旅游目的地概念的提出与演变

再回过头来观察由客源地、旅游通道和目的地组成的旅游系统空间结构的功能。客源地是旅游者日常生活空间，旅游者在此产生旅游需求；旅游通道是旅游者的输送渠道，是旅游需求得以满足的必要条件；目的地是旅游者的旅游活动空间，是其获得旅游体验、满足旅游需求的载体。从需求与供给平衡的角度来说，目的地是旅游需求与供给得以紧密结合的区域。旅游目的地是旅游者存在的前提，向旅游者提供众多的、独特的、不断变化的、具有文化历史和自然内涵的旅游资源（Rojek C et al，1997），旅游目的地对旅游者的吸引力不但可以使整个旅游系统充满活力，而且可以为客源地创造旅游需求，因而成为旅游系统中最为重要的部分。这一点，已经得到多位学者的承认和重视，如陈安泽等提出的旅游系统中旅游地域系统（目的地）被作为主要部分，它包含旅游资源、旅游区或旅游地结构、旅游生态环境、旅游路线、旅游中心城镇等5个物质性内容（陈安泽等，1991），吴人韦认为旅游目的地的吸引力是整个旅游系统的核心（吴人韦，2000）。在吴必虎的旅游系统框架里面，目的地是与旅游者联系最密切的子系统（吴必虎，1998）。值得注意的是，旅游目的地概念在前述Mill & Morrison以及吴必虎两个旅游系统中的出现，为抽象的旅游供给功能赋予了空间意义。Gunn旅游功能系统中的旅游吸引物以及相关组分，如设施、服务等，已经被整合为旅游目的地这样一个地域概念。

从字面上，可将旅游目的地理解为旅行的终点或者是旅游活动发生的地点（金波，2002）。同旅游概念相仿，旅游目的地概念的形成也经历了一个漫长的时期。

①原始社会后期，由于生产力有了较大发展，剩余产品日渐丰富，促使以商品交换为主要内容的旅游活动出现，此外异域求学探险、宗教朝拜等成为这段时期主要的旅游目的，旅游活动以分散和无定式为主要特征。这段时期的旅游目的地仅为原始旅游资源的空间存在形式，还不是真正意义上的旅游目的地。

②欧洲工业革命之后，社会生产力和交通工具的发展使旅游的门槛降低，大众旅游得到蓬勃发展。为适应旅游需求的迅速增长，围绕一些交通便利，并且旅游资源开发条件较好的区域，集中建设了旅游设施并提供旅游配套服务。但总体而言，这段时期的目的地还是以"点"和"面"的形式存在，旅游目的地主要提供观光旅游产品，功能单一，且规划滞后，疏于管理和保护。旅游目的地还停留在"旅游胜地（Resort）"的概念层面，即只是"在某个区位提供多种游憩和社会事象的综合体（Gunn C A，1988）"。但旅游胜地的出现促进了旅游目的地的形成，正如Medlik（1993）所指出的，历史上旅游的演化被近似地确认为随着旅游胜地的显现及其以后的发展而发展。

③20世纪80年代之后，现代化交通工具的大量使用，现代化通信工具和旅游设施的普及，使得跨国性的长距离旅行成为可能。在国际旅游业迅速发展的同时，旅游者的需求也呈现出多元化和个性化的趋势。相应地，旅游目的地提供的旅游产品日益丰富，功能日趋完善，旅游目的地自我规划、管理、保护以及营销的思维开始彰显。作为提供旅游综合服务的区域，随着旅游目的地在空间上的扩展以及自身

的发展，其内部功能分区日益明显，不同的区域承担不同的旅游服务功能，为此，Gunn C A提出目的地地带（destination zone）的概念以描述旅游目的地的空间功能单元。其中一些作为区域旅游中心城市或高等级景点（区），由于完备的旅游服务功能和优越的区位及交通进入条件，往往成为旅游目的地内的一级旅游者集散地，同时还可能担负整个旅游目的地协调管理工作，这样旅游中心地的概念开始形成（柴彦威等，2003）。

对于旅游目的地的概念，不同的学者理解略有不同，但在总体上是一致的：①从地理形态上看，旅游目的地是具有一定空间范围的地域。该地域范围的特征是拥有相对集中的旅游资源，且部分旅游资源得到一定程度的开发。旅游目的地通过旅游吸引物、接待设施、进入通道和辅助性服务的营造，极大地影响了这一区域的空间形态。②从经济形态上看，旅游目的地的经济结构主要是旅游业。旅游业在旅游目的地的产业结构中，往往具有举足轻重的作用。③从服务功能上看，旅游目的地是旅游者旅游目的的根源，是旅游者开展旅游活动的主要地域空间，为旅游者提供综合的旅游服务功能。

从上述旅游目的地的论述中可以知道，旅游目的地是旅游活动发生的载体，是旅游需求和供给得以结合的界面。因而，对旅游目的地系统的深入研究需要理解人类及生态系统在旅游目的地系统演变过程中的交互作用。

（2）生态系统视角下的旅游目的地系统

对于旅游目的地而言，旅游活动的介入是最关键的一点，没有旅游活动的存在，也就无所谓旅游目的地。对于旅游目的地所依托的景观生态系统而言，旅游流表现为一种全新的生态流，其在空间中的流动方向、速度和方式都具有自身的规律性。在旅游流形成的初始，它对于原景观生态系统的影响较小，随着旅游业的发展和旅游活动的丰富，旅游流进一步扩大和分化，对原有生态流的影响也进一步增强，使得景观空间要素之间物质和能量的流动方向、速度和方式均发生改变。例如，旧有的社会经济系统被打破，在旅游流的作用下，形成旅游社会经济系统。旅游流还通过介入或改变自然系统的物质循环和能量转化过程，使自然系统输出旅游者所需要的物质产品和旅游服务产品。

可见，对于旅游目的地而言，旅游流已经与景观生态系统的各要素形成相互依赖、密切联系的关系，旅游目的地内部逐渐出现各种功能区域，在空间上表现为各种旅游景观类型交替出现、交错分布的空间综合体。可以说，在旅游流的作用下，旅游目的地已形成一个完整的生态系统。

那么，从景观生态系统的相关理论而言，可以将旅游目的地看作为一个整体生态系统。旅游目的地是一个强调人类主导意识，侧重人类社会对景观整体作用的生态系统，物理环境并不是孤立的地理实体，旅游流作为整个旅游目的地系统的重要组分，对系统的结构、功能和演变都会产生决定性的影响。

Pearce（1987）在讨论旅游空间规划时，将空间系统按尺度分为全国水平、区域水平、地方水平（海滨胜地、都市区域、历史城镇）等三类。按照这个思路，可以将旅游目的地的空间尺度大致分为以下三类：

①景点（区）尺度：景点（区）尺度旅游目的地指独立的景点（区），例如丽江古城、玉龙雪山等。其特征在于：具有独特的资源特色，与其他景点（区）有明显区别；面积狭小；包含要素单一，仅仅涵盖旅游者、景点（区）本身以及景点（区）的直接和间接管理部门。

②景观尺度：景观尺度是比景点（区）尺度更高一级的空间尺度，它往往由一个旅游中心地及其所辐射的几个在地域上邻近的景点（区）共同组成。例如以丽江古城所在的大研镇为中心的丽江旅游区，包括丽江古城周边的玉龙雪山、虎跳峡、长江第一湾、泸沽湖等景点（区）；或者是丽江旅游区所在的云南省旅游区划中的滇西北旅游区；或者是云南省旅游区等。在景观尺度中，旅游中心地发挥客流集散点和区域旅游功能服务中心的作用，通过旅游流以及旅游服务功能将这些在地域上邻近的景点联系在一起。与景点（区）尺度相比，由于空间范围的扩大，所包含的要素更复杂，除了涵盖微观尺度的要素之外，还包括了社区居民要素（金波，2002）。景观尺度内各景点（区）在旅游流的联系下，相互之间的作用尤为紧密。

③区域尺度：由几个在地域上邻近的景观尺度旅游目的地共同组成的更大空间尺度的旅游目的地，就是区域尺度的旅游目的地。区域尺度的旅游目的地大可至国家一级，小到仅包含两个景观尺度旅游目的地（金波，2002）。区域尺度的各个景观尺度目的地以不同的方式组合在一起，即旅游经济、行政隶属、文化联系，或者是旅游资源上的相似性等等，例如中国旅游资源区划中根据地貌特征和文化特征划分的西南区（董平，2000），或者整个中国。由于区域范围的不断扩大，区域尺度涵盖的内容远比景观和景点（区）尺度广泛，涵盖内容包括了很多并非以旅游为主导的因素。由于区域尺度内往往存在一个以上的旅游中心地，旅游流的联系并不紧密；此外，由于行政隶属的不同，宏观尺度内的各景点（区）在经济上的联系也较弱。不同空间尺度旅游目的地特征总结见表2-3。

表2-3 不同空间尺度旅游目的地特征总结

尺度	范围	要素	要素联系方式	要素联系强度
景点（区）	景点/景区	旅游者、旅游景点（区）、旅游管理部门	旅游流	强
景观	一个旅游中心地与数个旅游景点/景区	旅游者、旅游景点（区）、管理部门、社区居民等	旅游流或旅游相关要素	强
区域	数个旅游中心地与若干个旅游景点/景区	旅游者、旅游景点（区）、管理部门、社区居民以及其他非旅游要素	旅游经济、行政隶属、文化联系	弱

旅游业是一个关联性很强的产业（见图2-5）。旅游目的地的发展涉及政府和非政府组织、旅游者和社区居民等多个利益群体，涉及旅行、管理、经营和服务等多项活动。旅游目的地问题的产生、发展、解决，到旅游目的地可持续发展目标的寻求，都不是上述任何一个要素力所能及的。因此，对于尺度的选择应该尽可能包含相关利益主体。特别值得注意的是，旅游是在由社区居民群体组成的社区之间开展的活动，只有从社区的角度来研究旅游，才能全面深入地把握它（唐顺铁，1998）。一方面，社区居民对旅游业的态度在很大程度上影响着旅游业的发展（Doxey，1975；Butler，1980）；另一方面，旅游目的地旅游的发展在很大程度上是以社区或城市的资源作为成本投入的，如吸引物与交通、通信等基础设施。为此，在空间尺度的选择上涵盖社区居民要素是必要的。对于景点（区）尺度的旅游目的地而言，一方面，缺乏对部分旅游目的地的管理事务的决策权，例如旅游目的地范围内土地使用性质的更改与置换，社区居民的搬迁安置与资金补偿等等（张

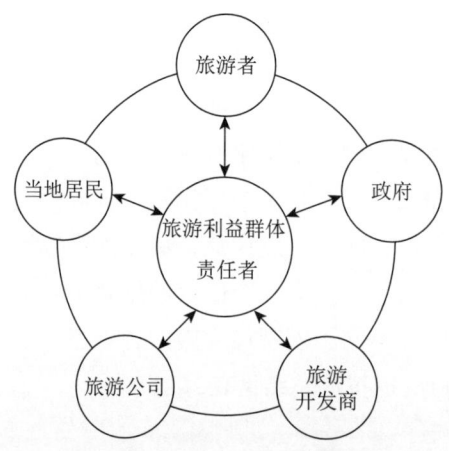

图2-5 旅游业利益主体图（Buhalis，2000）

伟，2002）；另一方面，对于更大尺度上的限制性因素的影响，如客源市场状况、区域社会经济发展背景等，景点（区）本身无力改变。从这点而言，景点（区）尺度的旅游目的地只是区域旅游发展的一个基本组成单元，它的发展更多地取决于高一个层次的旅游目的地的发展。因此，对于旅游目的地研究尺度的把握还需要选择更大的尺度。

由于空间尺度的放大，区域尺度上旅游目的地等于涵盖了客源地、旅游通道以及目的地等旅游系统的要素，社区居民与旅游者之间的界限并不明显。在Airey等人（1999）的观点中，"旅游者是到目的地而不是区域。同样，旅游影响发生在目的地尺度，到目的地去或回来的具体的地点和位置上以及在客源地。在区域尺度上，现实中没有基础。尽管我们谈论区域经济影响，我们不是谈论真正的区域，而是为了政治目的而保持统计的管理单元"。可以说，区域尺度的旅游目的地不再是单纯的目的地，旅游涉及的要素更加复杂化，旅游业在区域尺度旅游目的地的发展中具有明显的区域差别。空间尺度选择过大，关注的要素过多，往往容易忽略与旅游密切相关的关键问题。

3. 旅游目的地系统与旅游生态补偿

旅游目的地是在旅游流的集聚与扩散主导下，由旅游者、社区居民、政府、旅游开发商与生态环境等相关利益主体相互作用、相互影响所形成的具有旅游功能的地域综合体，因此也是旅游生态补偿开展的空间载体。旅游地生态补偿的目的是在旅游活动等人类活动干扰下达到生态环境结构的合理发展以及过程完整性的长期保持，其本质是各利益相关主体之间的相互协调。旅游目的地内的相关利益主体往往即是旅游生态补偿所涉及的相关主客体，而不同的空间尺度下，所涉及的补偿主客体有显著差别。旅游生态补偿模式的选择是在对旅游目的地内部生态环境的承载力和稳定性，以及旅游者、社区居民、政府、旅游开发商需求的满足程度、参与程度与各类制约因素综合评判之后所采取的具体措施。

（三）外部性理论

1. 外部性理论的产生与发展

外部性理论是环境经济学的基础理论，它揭示了市场活动中资源低效率配置的根源（李长亮，2009）。

外部性理论的概念最早由新古典经济学的完成者马歇尔（Marshall）提出。他在论述第四种生产要素——"组织"时，首次用到了"内部经济"与"外部经济"描述组织的变化如何能导致产量的增加："我们可把因任何一种货物的生产规模扩大而发生的经济分成两类：第一是有赖于该产业的一般发达所形成的经济；

第二种是有赖于某产业的具体企业自身资源、组织和经济效率的经济。可把第一类称作'外部经济'（External Economies），将后一类称作'内部经济（Internal Economies）'"（马歇尔，2005）。从马歇尔的论述可见，所谓内部经济，是指由于企业内部的各种因素所导致的生产费用的节约，这些影响因素包括劳动者的工作热情、工作技能的提高、内部分工协作的完善、先进设备的采用、管理水平的提高和管理费用的减少等。所谓外部经济，是指由于企业外部的各种因素所导致的生产费用的减少，这些影响因素包括企业离原材料供应地和产品销售市场远近、市场容量的大小、运输通信的便利程度、其他相关企业的发展水平等。实际上，马歇尔把企业内分工而带来的效率提高称作是内部经济，而把企业间分工而导致的效率提高称作为外部经济（沈满洪等，2002）。马歇尔虽然并没有提出内部不经济和外部不经济概念，但由他对内部经济和外部经济的论述可以从逻辑上推出内部不经济和外部不经济概念及其含义。所谓内部不经济，是指由于企业内部的各种因素所导致的生产费用的增加；所谓外部不经济，是指由于企业外部的各种因素所导致的生产费用的增加。但马歇尔仅仅从经济规模扩大的原因角度对外部性问题做出了理论的抽象和概括，没有太多内容，是一只"空盒子（Empty Box）"（罗士俐，2011）。

作为马歇尔的嫡传弟子，福利经济学的创始人庇古（Pigou）对外部性理论进行了进一步完善。他提出（A.C.庇古，2006）："社会净边际产品，是任何用途或地方的资源边际增量带来的有形物品或客观服务的净产品总和，而不管这种产品的每一部分被谁获得"，"在计算任何用途或地方的资源边际增量时，所有这些影响都应包括在内——其中有些是正面的，有些是负面的"。"私人净边际产品，是任何用途或地方的资源边际增量带来的有形物品或客观服务的净产品总和中的这样一部分，该部分首先——即在出售以前——由资源的投资人获得。这有时等于，有时大于，有时小于社会净边际产品"。庇古首次用现代经济学的方法从福利经济学的角度系统地研究了外部性问题，在马歇尔提出的"外部经济"概念基础上扩充了"外部不经济"的概念和内容。需要注意的是，虽然庇古的"外部经济"和"外部不经济"概念是从马歇尔处借用和引申而来，但是庇古赋予这两个概念的意义是不同于马歇尔的。马歇尔主要提到了"外部经济"这个概念，其含义是指企业在扩大生产规模时，因其外部的各种因素所导致的单位成本的降低。庇古从"公共产品"问题入手，认为是"外部性造就了私人边际产品与社会边际产品之间的不一致"，认为是商品生产过程中社会成本和私人成本两者之间的差距构成了外部性，即生产者所承担的成本与其实际所造成的成本上有差距，这部分差距为社会或他人所承担了，这是市场出现非对称、运行失控的产物（黄敬宝，2006）。也就是说，马歇尔所指的是企业活动从外部受到影响，庇古所指的是企业活动对外部的影响。这两个问题看起来十分相似，其实所研究的是两个不同的问题或者说是一个问题的两个方面。庇古已经将马歇尔的外部性理论大大向前推进了一步（沈满洪等，2002）。庇古认为，当出现外部不经济的情况时，依靠市场是不能解决这种损害的，即所谓市场失灵，需要引入政府进行适当干预（徐桂花等，2004）。既然在边际私人收益与边际社会收益、边际私人成本与边际社会成本相背离的情况下，依靠自由竞争是不可能达到社会福利最大的。那么就应由政府采取适当的经济政策，消除这种背离。政府应采取的经济政策是：对边际私人成本小于边际社会成本的部门实施征税，即存在外部不经济效应时，向企业征税；对边际私人收益小于边际社会收益的部门实行奖励和津贴，即存在外部经济效应时，给企业补贴。庇古认为，通过这种征税和补贴，就可以实现外部效应的内部化。这种政策建议后来被称为"庇古税"。可以说，庇古首次用现代经济学的方法从福利经济学的角度系统地研究了外部性问题。但庇古理论仍然存在一定的局限性，它在应用中暗含着三种前提假设：首先，产生负外部性的一方应当对受损害一方进行相应的赔付，产生正外部性一方应得到相应的补偿；其次，对于赔付或者补偿的数额应当可以精确计量；最后，政府采用税收和补贴政策的成本应该为零（王淑贞，2012）。这些暗含假定制约了庇古税的实际操作性。

随后，美国经济学家奈特（Knight）和英国经济学家鲍莫尔（Baumol）分别对庇古的外部性理论进行了引用和批判。奈特对外部性形成的制度原因进行了研究，在报告《社会成本解释中的一些错误》（1924）中，针对外部性成本的计算，奈特认为庇古的错误在于没有把地租计算在平均成本之内，只把可变生产要素——劳动工资计算在内，这就不可能得出生产的最优产量（秦晓红，2008）。奈特还把公路的拥挤看成是由自然资源的浪费而不是由边际私人产值和社会产值之间的差额造成的，他认为产生"外部不经济"的根源是对稀缺资源缺乏产权界定，若稀缺资源划分为私人所有，那么"外部不经济"将得以克服。在此，奈特已注意到了"外部不经济"产生的产权原因。1952年，鲍莫尔出版《福利经济及国家理论》一书，对外部性理论进行了综合性研究。鲍莫尔继承了庇古理论的两个观点：一是边际私人成本与边际社会成本产生差异会对社会经济产生不利的影响；二是采用奖励与赋税制度解决外部性方法（黄敬宝，2006）。对于外部性问题的处理，鲍莫尔一方面强调用政府机构代替市场机制的效果不见得更好；另一方面也强调，如果社会成员自己举办的机制超过了强制措施要求他出资的价值，他就会心甘情愿地服从强制措施，从而得出"假定政府的任务是帮助社会成员用最大的效率去达到他们的目的……统驭市场的政策就成为政府的工作了"的结论。

到20世纪60年代，科斯在其经典论文《社会成本问题》中以庇古税处理外部性问题的思路为背景，提出了由别人命名的著名的"科斯定理"。在文章中，科斯对庇古以税收和补贴作为解决外部性的传统方法，不仅从经济学的角度上提出了异议，而且从伦理的角度进行了追问，为我们了解经济运行方式做出了突破性的贡献。此贡献具体表现在，他发现和澄清了交易费用和产权对经济体制的生产制度结构及其运作的作用和意义（易宪容，1998），对解决企业运营外部性问题提出了新颖的思路。科斯否定了通过政府征税可以解决外部性的行为，"许多经济学家都因袭了庇古在《福利经济学》中提出的观点。他们的分析结论无非是要求工厂对烟尘所引起的损害负责赔偿，或者根据工厂排出烟尘的不同容量及其损害的相应金额标准对工厂主征税，或者最终责令该工厂迁出居民区……以我之见，这些解决方法并不适合，因为它们所导致的结论不是人们所需要的，甚至通常也不是人们所满意的"（科斯等，1994）。他提出将外部性内部化的独特见解，明确产权界定，避免较严重的损害。他着眼于外部性的生产者和消费者之间的利益关系，提出外部性问题是由于产权不明确造成的，只有明确产权，降低交易费用，这一问题才能得到实质性的解决。科斯认为在交易费用为零的状态下，庇古税根本没有必要，此时在市场的驱动下双方会主动协商，这种双方的自愿协商即可实现最优资源配置。他同时将制度作为经济学研究对象，创造了一个颇具影响力的流派——新制度经济学，并促进了产权经济学和法经济学的形成和发展，完善了经济学体系。对于科斯的思想可以概括为两条定理，即"科斯第一定理"和"科斯第二定理"。"科斯第一定理"可以表述为：若交易费用为零，无论初始权利如何界定，都可以通过市场交易达到资源的最佳配置。其实质性的分析结论是：在交易费用为零的条件下，权利的重新安排并不改变资源的配置效率，但权利的清晰界定本身十分重要，否则不可能得出确定的均衡结果（陈宝敏，2002）。因为正如科斯本人所说，权利的界定是市场交易的基本前提。该定理阐明了产权制度的重要性，即产权清晰界定是价格体系有效运转所依赖的制度条件（吴健等，2004）。"科斯第二定理"说的是，在交易费用为正的情况下，不同的权利初始界定，会带来不同效率的资源配置。换言之，如果市场交易是有成本的，则权利的重新界定必然会对经济效率产生影响，如果交易费用过高，从社会角度看，权利的重新界定就有可能是不值得的。因此选择何种权利安排，要通过比较不同社会安排所产生的"总产品"来确定。通过这种比较，就有可能在承认交易费用约束的条件下，寻找到"帕累托最优"的方案。科斯第二定理的实质是强调交易费用的重要性，这也是正统的新古典经济学所遗漏的重要约束条件。根据科斯第二定理,交易费用的大小将影响对制度安排(包括资源配置方式和手段)的选择,不同的制度安排将产生不同的资源配置效率结果(吴健等,2004)。科斯意识到了外部性的相互性,这较庇古及以前的经济学家来说是一大进步(裴少峰等,2011)。科斯理论在实际中的应用(排污权交易制度),也证明了科斯的观点。然而,科斯理论不是没有缺陷的,科斯后来又讨论了正交易成本的情况。科斯认为,存在交易成本时,只有当权利调整之后所带来的产值大于市场交易成本时,权利调整才可进行,否则权利调整无效。这时,权利的初始界定就会影响经济制度的运行效率,并且有利的权利调整必须要由法律来确定。

J. M. 布坎南(J M Buchanan)与W. C.斯塔布尔宾(W C Stubblebine)在1962年用一个函数关系式表达深化了对"外部性"的认识(黄寰,2012)。认为只要某一个人的效用函数(或某一厂商的生产函数)所包含的变量在另一个人(或厂商)的控制之下,则有外部效应存在。

设U^A表示个人A的效用,那么如果:

$$U^A = U^A(X_1, X_2, \cdots, X_n, Y_1)$$

则一项外部效应存在。其中$X_1, X_2, \cdots, X_n$表示由个人A所控制的活动,Y_1为由个人B控制的活动,此处活动的定义包括"任何可以计量的人类行为,如吃面包、喝牛奶、向空气中吐烟、在公路上洒水、进行救济活动等"。可见,只要私人利益和社会利益发生了不一致,就存在着某种外部效应。而且,在外部效应很强的领域经常存在激烈的利益冲突。

2. 外部性的分类

对外部性的分类,往往是根据不同的标准、从不同的视角出发进行的。常用的外部性分类概念包括:正外部性与负外部性、技术外部性与金融外部性、生产外部性与消费外部性、简单外部性与复杂外部性、帕累托相关的外部性与帕累托不相关的外部性、公共外部性与私人外部性等(林成,2007)。

(1)正外部性与负外部性

依据外部性的作用效果,可以将其分为正外部性和负外部性。正外部性概念来源于马歇尔提出的"外部经济",而负外部性概念来源于庇古的"外部不经济"概念。正外部性表示该外部性影响能够给承受者带来某种利益,而负外部性则表明该外部性影响能够对承受者造成某种损害,一个经济主体也可能同时产生正、负两种外部性。在简单外部性模型中,从外部性影响的承受者A的成本—收益情况来看,如果B的行为增加了A的成本(或减少了A的效用),我们就说B对A的影响是一种负外部性;相反,如果B的行为降低了A的成本(或增加了A的效用),我们就说B对A

的影响是一种正外部性。

（2）技术外部性与货币外部性

从来源看，外部性可以划分为货币外部性（Pecuniary Externality）和技术外部性（Technological Externality）。货币外部性是通过市场机制的相互依赖由价格变动所引起的。当一个企业的利润不仅取决于它自己的活动，而且取决于其他企业的活动时，货币外部性就产生了。而技术外部性是由生产者之间通过直接的、非市场的相互依赖所产生的，为产权束在"公共领域"所导致的高昂交易费用和收益的不确定性。区分这两种外部性的标准是看它们是否会对社会总产出这一真实变量产生影响，即外部性是否会影响资源配置的效率。货币外部性是通过价格体系起作用的，比如，甲增加葡萄酒的消费，结果会提高该酒的价格，由此会影响乙的福利。这种影响只涉及货币利益的转移，并不影响竞争均衡的帕累托最优，也就是说，不会影响资源配置效率。而技术外部性则是不经过市场机制直接发生作用的。如空气污染、交通拥挤等，它们将影响资源配置效率。只有技术外部性才会造成市场失败。在大部分经济学文献中，对外部性问题的讨论都指的是技术外部性。

（3）生产外部性与消费外部性

生产外部性（Externality from Producer）和消费外部性（Externality from Consumer）的区分，是根据产生外部性的经济主体是生产者还是消费者做出的。如果外部性行为的实施者是生产者，该外部性就是生产外部性，意为源于生产领域的外部性。相应地，如果外部性行为的实施者是消费者，则该外部性就被称作消费外部性，意为源于消费领域的外部性。无论是生产外部性，还是消费外部性，对于承受者来说，其影响有可能是正的，也有可能是负的。在20世纪60年代以前，人们大多较为关注生产外部性，如企业对环境的污染问题、垄断企业对消费者剩余的侵蚀等。但随着经济发展和人们消费水平的提高，70年代以后，消费外部性问题日益突出，如汽车消费过程中的空气污染、道路拥挤、交通事故增多等现象，人们关注的焦点也从生产外部性向消费外部性转移。

（4）简单外部性与复杂外部性

简单外部性与复杂外部性的区分，是从外部性主体和受体之间是否具有交互性来判别的。如果外部性影响是单向进行的，即只有一方对另一方的影响，而没有相反方向的影响，这就是简单外部性。相反，如果外部性的影响是交互进行的，在一方影响另一方的同时，也受到另一方所产生的外部性的影响，这就是复杂外部性。在经济学文献中，简单外部性和复杂外部性有时也被称为单向外部性和交互外部性。多数情况下人们所列举的外部性现象都是简单外部性，如吸烟者对他人健康的影响、造纸厂排放废水污染环境等。事实上，现实经济生活中也存在大量复杂外部性，如邻居之间在生活中互相干扰的现象。

（5）可预期的外部性和不可预期的外部性

根据外部性承受者是否能够预料到外部性影响的发生并采取防范措施，可以将外部性分为可预期的外部性（Expected Externality）与不可预期的外部性（Unexpected Externality）。如果外部性受体对所受到的外部性影响能够进行预期，从而可以采取各种措施加以规避，或者可以与产生外部性的主体方进行协商，从而减轻其所受影响，这种外部性就属于可预期的外部性。当外部性受体对外部性影响不能及时做出预期，因此无法采取措施加以规避，或无法与产生外部性影响主体方进行协商以减少损失，该外部性就是不可预期的外部性。有些经济学文献又将不可预期的外部性称为"不稳定的外部性"，将可预期的外部性称为"稳定的外部性"。

（6）帕累托相关的外部性和帕累托不相关的外部性

根据产生外部性影响的主体和受体之间是否能够通过某种交易实现帕累托改进，可以将外部性分为帕累托相关的外部性和帕累托不相关的外部性。帕累托相关的外部性是指外部性承受者在成本—收益原则的激励下，能够通过某种方法克服外部性，而该行为也会导致帕累托改进。相应地，帕累托不相关的外部性则意味着外部性效应的承受者不能通过某种能够实现帕累托改进的方法来克服外部性。也就是说，在帕累托不相关的外部性情况下，外部性影响的实施者和承受者之间已不存在通过交易实现帕累托改进的余地了。而对于帕累托相关的外部性来说，克服该外部性的总收益大于总成本，能够借此实现帕累托最优。

（7）公共外部性与私人外部性

按照外部性影响是否具有公共产品的性质，可以将外部性分为公共外部性和私人外部性。公共外部性类似于公共产品，不仅受体众多，而且受体之间对外部性影响的"消费"具有非排他性和非竞争性的特点。也就是说，在一定范围内，人们很难摆脱这种外部性的影响，这就是其非排他性；同时，该外部性影响了一个市场主体，却并不会减少对另一些市场主体的影响，这就是其非竞争性。如工厂排出的浓烟对周围居民的影响就具有公共外部性的特征。相反，私人外部性具有排他性和竞争性。即私人外部性影响只能针对有限的受体（受影响者），而且每增加一个受体，其他受体所受到的影响就会相应减少。如工厂排放的固体垃圾，影响到的是附近的特定居民，而且对于一定数量的垃圾来说，排放在一些民居附近的垃圾增加，就意味着排放在另一些民居附近的垃圾减少。区分公共外部性和私人外部性的意义在于，对于公共外部性来说，很难通过主体和受体之间的交易将外部性内部化，因为受体的数目众多，并且他们的成本和收益信息很难确知，交易成本过高。相反，对于私人外部性来说，比较容易通过谈判的方式将外部性影响内部化。

（8）期内外部性和跨期外部性

这是根据外部性是否在同一决策期内发生而划分的。如果经济主体在本期内的活动仅仅对同期的经济主体产生外部性影响，这就是期内外部性。相反，如果经济主体在本期内的活动所产生的外部性影响，是在以后各期逐渐表现出来的，这就是跨期外部性。期内外部性如代内外部性，即同一时代人们互相直接产生的外部性影响；跨期外部性如代际外部性，即当代人的活动对后代人产生了外部性影响。可持续发展问题的本质就是要将代际外部性内部化。

3. 外部性理论与旅游生态补偿

外部性是旅游目的地可持续发展问题形成的根本原因。一方面，具有外部经济性的旅游资源未能得到有效的补偿，出现了资源效应远远大于其收益，甚至收益不能弥补其成本的局面，特别是一些地处偏僻地区的社区居民，守着富裕的旅游资源却不能从旅游业当中获取匹配的收益，而过着贫困落后的生活，从而导致对旅游资源供给、维护上的不积极、不作为，甚至人为破坏。另一方面，由于传统生产中存在的生产观念上的唯利益论（只强调经济利益或利润）、生产过程中的人类中心主义（从人自身的利益和需要出发，把自然仅仅当作人所征服的对象而无度索取）和技术缺陷（即在人类中心主义理念下，缺乏对尊重文化、自然保护的技术设计）等问题（胡仪元，2010），使旅游目的地的传统文化割裂、生态破坏或环境污染越来越严重。

生态补偿就是对旅游资源外部效应的矫正。一方面，对具有外部经济性的旅游资源提供者给予补贴，以提高其收益，鼓励其增加供给；同时，也体现了旅游资源提供者保护、传承、修复、培植旅游资源等的劳动投入，使再生产得以顺利进行，这是劳动价值论等价原则的体现，是生产者与消费者之间价值对等的平衡，是劳动者与非劳动者之间公平性的体现。另一方面，对具有外部不经济的资源破坏者给以征税、罚款等措施，以提高其边际成本，减少供给。通过制度强制约束或激励企业的外部性行为，通过旅游者等效应享受者对资源提供者的补偿，实现了共享资源效应的平衡，是资源消费者与生产者之间公平性的体现，也有助于实现资源共享的代际平衡，使资源保护的各种投入（包括劳动）在价值上得到补偿，实物上得到替换，实现其再生产和资源的永续利用。

（四）公共产品理论

1.公共产品理论的产生与发展

公共产品理论是当代西方财政理论的核心，公共产品理论与经济理论有着紧密的联系，因此，公共产品理论也随着经济理论的发展演变而不断发展（贾晓璇，2011）。

虽然直到1954年才由萨缪尔森提出现在流行的公共产品概念，但人类很早以前就注意到了公共产品问题（龙新民等，2007）。恩格斯在分析国家起源时指出：易洛魁人已经有"讨论公共事务的部落议事会"；部落"管辖的事情，包括低级阶段上的野蛮人的全部公共事务"（恩格斯，2003）。这里的公共事务就是我们现在所说的公共产品。希腊哲学家亚里士多德指出："凡是属于最多数人的公共事物常常是最少受人照顾的事物，人们关怀着自己的所有，而忽视公共的事物；对于公共的一切，他至多只留心到其中对他个人多少有些相关的事物"（亚里士多德，1983）。

大卫·休谟和亚当·斯密关于个人"搭便车"和政府是"守夜人"的思想可以视为公共产品理论的古典渊源（王爱学等，2007）。在18世纪，英国哲学家大卫·休谟（David Hume）在《人性论》中设想了一个"草地排水"的例子："两个邻人可以同意排去他们所共有的一片草地中的积水，因为他们容易相互了解对方的心思，而且每个人必然看到，他不执行自己任务的直接后果就是把整个计划抛弃了。但是要使一千个人同意那样一种行为，乃是很困难的，而且的确是不可能的；他们对于那样一个复杂的计划难以同心一致，至于执行那个计划就更加困难了，因为每个人都在找借口，要想使自己省却麻烦和开支，而把全部负担加在他人身上"。休谟试图以此说明某些事情的完成对个人来说并无多少好处，但对于集体或整个社会却极有好处，因而这类事情只能由政府参与来完成（张宏军，2010）。正如他所提到的，"政府虽然也是由人类所有的缺点所支配的一些人组成的，可是它却借着最精微的、最巧妙的一种发明，成为在某种程度上免去了所有这些缺点的一个组织"。休谟的分析已经涉及公共产品理论的核心问题：人是有利己本性的，自利的人之间存在共同需求；满足共同需求的供给中，客观存在坐享其成的心理及可能性；这类问题只能政府参与才能有效克服（顾笑然，2007）。休谟的论述不仅表明了在公共利益的追求中个人的局限性和政府的优越性，而且还分析了共同体的规模对共同利益的影响，并初步涉及交易成本和群体博弈的思想（贾晓璇，2011）。大卫·休谟之后亚当·斯密（Adam Smith）在《国富论》中对政府职能做了经典性的界定，影响至今不衰（王爱学等，2007）。他认为市场这只

"看不见的手"①能够实现资源的最佳配置，政府只需充当一个"守夜人"足矣。并特别指出政府必须提供某些公共服务，即建立国防、设立司法机关、维持公共事业和维护公共设施等，从而政府的职能有三项：第一，保护社会，使其不受其他独立社会的侵犯；第二，尽可能地保护社会每个人，使其不受社会上任何人的侵害或压迫；第三，建设并维护某些公共设施（王爱学等，2007）。因此，对于国家安全、社会安全、司法制度、公共事业等，由于"搭便车"的存在，私人缺乏提供的激励，需要政府的介入，用税收手段来筹集资金并提供这些产品。由此，即使主张"自由放任"的亚当·斯密也承认政府应提供最低限度的公共服务。从某种意义上来说，正是由于对公共产品的需要才导致政府的产生。尽管如此，古典经济学家只回答了政府应该做什么，没有回答政府为什么做以及怎么做（顾笑然，2007）。公共产品的供给从一开始就没有得到充分合理的经济学解释，成为当时应该解决却没能解决的问题。不难发现，公共产品思想源于对政府或国家职能的讨论，这一问题的解答在亚当·斯密时代缺乏理论的准备。

"公共产品"一词最早见于财政学著作。1936年，美国翻译出版了意大利学者马尔科的《公共财政学基本原理》（*First Principles of Public Finance*），该书首先使用"Public Goods"一词（张馨，2004）。直到19世纪80年代奥意财政学派将边际效用理论引入公共产品的研究中，公共产品理论才作为一种系统的理论，使公共产品理论分析基础从亚当·斯密时代的劳动价值论转变为效用价值论（贾晓璇，2011）。奥地利人萨克斯在1883年的论著中，将边际效用价值理论运用到公共财政问题上来，使公共服务成为具有价值的"公共产品"（李阳，2010）。这就使得人们开始从经济学角度，而不再是仅仅依靠政治学、伦理学的原理来说明公共产品问题，从而奠定了公共产品论的经济学基础。意大利学者潘塔莱奥尼（1883）关于各项公共支出按边际效用比较程度的分析，马尔科（1888）把国家活动视为一种特殊的受资源稀缺性约束的生产活动的分析，以及马佐拉（1890）关于国家财政是为满足个人需要而提供公共产品的分析，都涉及到了公共产品理论的内容（李阳，2010）。他们区分了公共产品在消费和交易上与私人产品的区别，进而提出了差别税率的概念来解决公共产品无法通过消费数量等来调节边际收益的不可分割性（贾晓璇，2011）。奥意学派之后是瑞典学派的公共产品理论，代表人物有威克塞尔和林达尔（贾晓璇，2011）。与奥意学派相比，威克塞尔在有关征税的个人效用最

---

① "看不见的手"（invisible hand）是一个隐喻：在自由竞争的市场经济中，市场就像一只看不见的手，对资源配置起基础性作用，使个人的最大化行为转化为一种最优化的社会状态，使主观上的自私行为最终达到增进社会总福利的目的。

化方面的基础上，进一步将公平问题引入公共产品理论，即利益赋税的公平还应以分配的公平为前提。除此以外，威克塞尔还研究了政治秩序对公共产品供应效率的影响的论述。他认为，理想的政治秩序是由消费者对若干公共服务的备选方案进行投票，政府依据获得一致支持的方案来提供公共产品，但这种理想状态是不存在的，因此他提出近似一致原则来取代一致原则。林达尔在威克塞尔思想的基础上建立了公共产品模型。在模型中，假定拥有充足理性的消费者会显示出真实偏好。社会由两个政治上平等的消费者A和B组成，在一定时期、一定的技术条件下，最大国民收入等于该社会资源约束下可以达到的最大私人产品和公共产品价值的总和。林达尔分析了这两个平等的消费者在此条件下将如何分担公共产品成本从而最终达到供给均衡的问题。该模型所产生的唯一的稳定交点，被称为林达尔均衡；相应的税收价格被称为林达尔价格，等于他们各自从公共产品消费中所获得的边际效用价值，并且两人的税额总计等于该公共产品的总成本。奥意学派和瑞典学派的理论贡献，是将微观经济学的分析延伸到公共经济领域，运用经济学的核心原理来说明政府行为，相对于斯密时代的认识，具有革命性的意义（贾晓璇，2011）。如果说亚当·斯密使财政学成为一门研究分配活动的科学的话，边际革命则最终使其成为一门研究生产活动和经济活动的科学，奠定了西方理论基石。

真正将公共产品与私人物品两个概念明确区分的是萨缪尔森（Paul Samuelson，1954）（王爱学等，2007）。他在《公共支出的纯理论》（The Pure Theory of Public Expenditure）中提出公共产品的经典定义。萨缪尔森认为，"公共产品是指每个人对这种产品的消费都不会导致其他人对该产品消费的减少"。相对而言，私人物品是指"如果一种物品能够加以分割，因而每一部分能够分别按照竞争价格卖给不同的人，而且对其他人没有产生外部效果"。并且他以这样一个等式来精确界定公共产品，即 $X_{n+j} = X_{n+j}^i$，它表示第 i 个人对第 $n+j$ 种产品的消费等于第 $n+j$ 种产品的总量；它区别于个人对私人消费产品（Private Consumption Goods）的消费，即 $Xj = \sum_1^s X_j^i$，也就是说所有个人对第 j 种产品的消费之和等于第 j 种产品的总量（龙新民等，2007）。尽管萨缪尔森在这里没有直接提出公共产品的两个特性，即消费非竞争性和受益的非排他性，但通过数学等式可以说明每个人对该产品的消费等于该产品的供给总量。一方面说明各经济主体之间的消费互不影响，某一公共产品一旦被提供，则增加的消费者对该产品的消费的边际社会成本为零，从而对该种产品的消费具有消费的非竞争性；另一方面说明每个人都能消费整个的这种产品，这就说明某一公共产品一旦被提供，则所有社会成员都可以同时享受同样质量和数量的公共产品，一部分人对该公共产品的享受不能将其他人排除在外，如果将一部分人排除在外则效率受损（龙新民等，2007）。正是由于公共产品天生具有的非竞争性和非排他性两个基本属性，因而很难找到一个有效的价格体系来控制公共产品的消费（王爱学等，2007）。当公共产品市场中配置资源的价格体系缺失时政府就变成这个市场的主要配置者，或者由政府的公营企业来垄断提供。萨缪尔森对公共产品概念所做的经典性表述，成为公共产品标准定义沿用至今（顾笑然，2007）。不仅如此，萨缪尔森还将序数效用、无差异曲线、一般均衡分析和帕累托效率运用到公共产品最佳供给分析中，建立了一个关于资源在公共产品与私人产品之间最佳配置的一般均衡模型，即"萨缪尔森条件"（Samuelson Conditions），这对于公共产品理论的发展，具有划时代的意义。

布坎南在萨缪尔森等人研究基础上创造性地提出了"俱乐部产品"（王爱学等，2007）。1965年，布坎南在《俱乐部的经济理论》一文中指出，萨缪尔森定义的公共产品是"纯公共产品"，现实社会中，大量存在的是介于公共物品和私人物品之间的"准公共产品"或"混合商品"。所谓俱乐部产品就是这样一类产品，一些人能消费，而另外一些人被排除在外。在该文中，布坎南使用成本收益分析框架，得出了俱乐部成员的最优规模。他指出，俱乐部成员的最优数量是有限的，而且随着该俱乐部产品数量的边际收益的变化而变化；认为俱乐部的所有者能够固化它们的价格，接受新的成员，只要每个成员的边际收益不小于他或她的边际成本。这样，根据边际成本与收益分析，俱乐部通过接受愿意支付的新成员而达到规模最优。布坎南的"俱乐部产品"拉近了"公共产品"与现实的距离，具有较强的实用性和操作性。

在萨缪尔森的基础上，马斯格雷夫进一步完善了纯公共产品的严格定义，在其著作《财政学原理》（1959）中首先提出了按照消费的非竞争性和非排他性来划分公共产品和私人产品（李阳，2010）。认为在市场失灵的情况下，公共产品是"非竞争性消费的货物"。但在具备非竞争性的同时还存在两种情况，即排他性不可行或排他性无意义，从而将非排他性引入分析范围。马斯格雷夫认为，非排他性和非竞争性是公共产品的两大基本特性，并且是相互独立的，只要某种物品满足其一或二者兼备，那么它就是公共产品。马斯格雷夫还提出了"有益物品"（Merit Good）这一概念，将"有益物品"定义为"一种极其重要的物品，当权威机构（Competent Authorities）对该物品在市场机制下的消费水平不满意时，他甚至可以在违背消费者个人意愿的情况下对该物品的消费进行干预"。马斯格雷夫提出的"有益物品"完全是一个伦理和主观判断层次上的概念，引入这一概念的目的在于说明有必要对个人消费者的消费进行干预，以获得"权威机构"的满意结果。马斯格雷夫和萨缪尔森一样，在经济效率的基础上，又加入了政治的因素来讨论公共产品的有效提供问题，将公共产品的有效供给与政治过程和分配公平相结合。实际上也显示出了公共产品理论与公共选择理论的不可分割性（贾晓璇，2011）。

2. 广义公共产品面临的典型问题

（1）"搭便车"问题

由于公共产品存在非竞争性和非排他性，使得它在使用过程中出现了"搭便车""公地悲剧"等问题。"搭便车"问题首先由奥尔森提出，它是指参与者不需要支付任何成本而可以享受到与支付者完全等价的物品效用（沈满洪等，2009）。该问题影响着公共产品供给成本分担的公平性，以及公共产品供给能否持续和永久。"搭便车"包含两种情形：一是享受到组织提供的种种权利后，丝毫不尽个人对组织的义务；二是在此时此处享受到组织提供的权利后，没有在此次此处尽义务，而是在其他时间或地点尽了义务（王广正，1997）。有关"搭便车"问题的研究主要集中在解决方案的探讨上。虽然在"选择性激励"的条件下，多数集团不能向自己提供最优数量的集体物品，但是小集团成员间具有相互讨价还价的激励因素，最小的集团一定能够通过其成员的讨价还价来实现集体物品的最优供给（沈满洪等，2009）。

（2）排他成本问题

排他成本问题是公共产品非排他性的延续（沈满洪等，2009）。由于排他成本高，因此纯公共物品与公共池塘资源具有不可排他性。非排他性的原因主要有三：一是经济成本的不可排他；二是技术成本的不可排他；三是制度成本的不可排他。然而布坎南的俱乐部理论认为，对于一些广义的公共产品可以做到有成本排他，即消费者能够而且愿意支付一定的费用以享用具有一定程度排他的产品。较之于非排他性公共产品的无限消费主体，俱乐部产品的消费主体是有限的。

（3）公地悲剧问题

公共产品的使用还容易产生"公地悲剧"。这一理论源自加州大学Garrett Hardin教授于1968年发表在《科学》杂志的《公地的悲剧》（*The Tragedy of Commons*）一文（肖建等，2012）。假设有一片公共牧场可供牧民们自由放牧，在缺乏使用限制机制的情况下，每个牧民所做的决策总是尽量多地放牧或者延长放牧时间，直至放牧总数超过草地的承受能力，结果草地逐渐耗尽，而牧民也无法继续在该公地上放牧和得到更多收益，这时便发生了"公地悲剧"（池静等，2006）。"公地悲剧"的产生是在人们使用具有消费的非排他性和消费的竞争性的公共资源时缺乏制度约束的情况下，个体行为容易给公共资源的使用带来外部性的现象（肖建等，2012）。"公地"作为一项资源或财产有许多拥有者，他们中的每一个都有使用权，但没有权力阻止其他人使用，从而造成资源过度使用和枯竭。过度砍伐的森林、过度捕捞的渔业资源及污染严重的河流和空气，都是"公地悲剧"的典型例子。之所以叫悲剧，是因为每个当事人都知道资源将由于过度使用而枯竭，但每个人对阻止事态的继续恶化都感到无能为力，而且都抱着"及时捞一把"的心态加剧事态的恶化。公共产品因产权难以界定（界定产权的交易成本太高）而被竞争性地过度使用或侵占是必然的结果（陈新岗，2005）。

3. 公共产品理论与旅游生态补偿

公共产品理论解决了为什么需要旅游生态补偿的问题。如果旅游领域某种资源的使用没有竞争性和排他性，就会导致公共资源的消费中产生"搭便车者"众多，资源被过度使用，全体成员利益受损的公地悲剧，最终将会使得旅游产品的供给不足，资源受损。政府管制和政府埋单是解决公共产品问题的最有效机制，但不是唯一的机制。如果通过制度创新让受益者付费，则资源的保护者、传承者同样能够像生产私人物品一样得到有效激励。如果根据"俱乐部产品"理论，旅游地相关生产者与消费者都作为"俱乐部成员"，共同享有旅游资源的产权或使用权，同时也必须承担相应的成本，这样就能使所有相关利益主体得到相应激励。因此，从一定程度上而言，明确产权是旅游资源有效配置的基础，是实现旅游地可持续发展的重要前提。

二、对旅游地生态功能关系结构的思考

（一）旅游地生态功能

关于景观生态系统的功能，目前学术界主要有两种界定：一是将之视为复杂系统整体，其功能是指与周围环境的物质、能量和信息的复杂相互关联，以及这种关联影响下景观生态系统内部发生的各种变化（Forman R T T et al，1986）；二是从景观生态系统的社会经济利益角度来理解，即人类利用价值和功效，如文化支持功能、生物生产功能和环境服务功能等（王仰麟，1998a；彭建等，2005）。综合上述思路，可将旅游地生态功能视作各要素相互作用所形成的相应于人类社会需求的表现形式。

1. 旅游地生态功能类型

旅游地的生态功能产生于系统内部各要素之间的相互作用过程，具体的功能与生态系统的类型、组成结构、尺度规模和发展过程有关。从满足人类社会需求的角

度出发，可将旅游地的生态功能划分为生态与旅游功能。

生态功能。是旅游地生态系统的基本功能，是客观存在的。它是指维持人类生存的生态效用，具体可细分为生物生产、净化环境、涵养水分、土壤保持、气体调节等内容（欧阳志云等，1999）。旅游地生态系统的生态功能对于承载旅游活动与社区居民的生活生产发挥着至关重要的作用。

旅游功能。旅游功能是旅游地生态系统的主体功能，是区别于其他景观生态系统的标志。相应于旅游者，旅游功能包括基本旅游需求的满足，以及愉悦身心、陶冶性情、丰富知识等功能；相应于社区居民，旅游功能包括旅游经济效益的产生等内容。

2. 旅游地生态功能结构

旅游地的生态功能结构是功能的主要性质，包括关系结构和空间结构两个方面。

关系结构：旅游地的生态功能由要素之间的相互作用产生。关系结构即是反映要素间的相对地位和相互作用，其变化是导致系统功能变化的主要因素。合理的关系结构有助于单个要素作用的发挥与需求的满足，并产生协同效应。

空间结构：空间结构反映了旅游地生态系统中各要素之间的空间组织关系，包括诸要素在空间中的相互位置、相互关联、相互作用、聚集程度、聚集规模以及地区间的相对平衡关系等（尹贻梅等，2004），是关系结构在地理空间上的投影，由节点、廊道及其所组成的网络等空间要素构成（卞显红，2003，2005）。合理的空间结构有助于充分释放系统的功能潜力。

3. 旅游地生态功能特征

功能耦合特征。生态与旅游两种功能之间相互依存、互为发展条件。生态功能的维持和发展是实现旅游功能的前提和保障；旅游功能的完善和健康为生态功能的实现提供强有力的经济支持（佟玉权，2000）。单项功能是系统功能整体发挥的基础。

功能网络化特征。旅游功能源于旅游吸引物的美学特征、旅游基础/服务设施的运输与接待能力，因此旅游功能依附于旅游吸引物、旅游基础/接待设施的空间分布。随着景区的不断开发以及交通基础设施的建设，功能空间逐渐从线状的节点状联结向具有复杂特征的网络体系发展（杨新军等，2004a；吕斌等，2004）。

功能等级化特征。受旅游吸引物的等级、旅游服务能力、距离以及相互之间的竞争合作等因素综合影响，功能出现等级的分化，在组织旅游活动、满足旅游需求等方面发挥着不同作用（柴彦威等，2003；吴必虎，2001；吕斌等，2004）。

功能动态变化特征。旅游地生态系统作为开放系统，以旅游者频繁的空间流动为特征，因而旅游者的数量规模以很快的速度不断变化和发展着；同时旅游者的需求也随着社会经济条件不断发展变化；相应地，社区居民对自然环境不断进行着适应性改造。因此，作为要素之间相互作用结果的功能在不同的时空尺度上无时无刻不在发生着变化。

（二）旅游地生态功能变化的影响因素

旅游地生态系统是一个包括旅游者、社区居民和自然环境要素的复合系统。要素之间相互联系、相互影响，形成一个不可分割的有机整体，具有各要素在孤立状态时所不具有的功能。在这个系统中，任何一个要素发生变化都会影响整个系统的平衡，导致功能的发展变化。

自然环境的变化对系统的影响在人类世代的时间尺度上通常难以观察（傅伯杰等，2001）。但一些突发性的自然灾害，如地震、冰冻、海啸、洪水、飓风等，以及当自然环境所受的人类活动干扰超过了其"生态阈值"，引起自然环境的不可逆变化，往往会导致自然环境美学特征与承载能力的丧失（Tsaur S H，2006），从而制约旅游功能与生态功能的发挥（Page S et al，2006；Henderson J C，2007）。

旅游者对系统功能的影响可以从宏观与微观两个尺度来认识。在宏观尺度上，旅游者的旅游需求变化，会间接影响系统的功能关系结构以及空间结构（Gössling S，2002）。在微观尺度上，如景区及道路两侧，旅游活动会对自然环境产生直接干扰（刘鸿雁等，1997；程占红等，2003a，2003b；石强等，2004），影响自然环境的美学特征与承载能力。

社区居民对系统功能的影响也可从宏观与微观两个尺度进行观察。在宏观尺度上，当地政府管理部门所制定的相关产业政策与空间发展规划对功能的变化影响深远（王仰麟等，1999）。相关政策与规划决定了区域旅游业发展的方向，对于旅游者、用于旅游业配套的自然环境，以及从事服务业的社区居民等规模与空间布局具有指向性作用（杨新军等，2004b；吕斌等，2004），从而在宏观上决定着功能的关系结构与空间结构。在微观尺度上，当地政府或投资商的景区建设与设施建设等活动，对自然环境美学特征与承载能力的影响明显（Siegfried W R et al，1998；侯翠荣等，2000；钟林生等，2002）。

（三）旅游地生态功能的优化途径

旅游地生态系统的功能优化是指依据系统功能发展的客观规律，协调系统要素之间的互动关系，调整系统功能的空间布局，使系统功能得以更有效发挥，实现系统良性发展的过程。追求功能的不断优化是旅游目的地可持续发展与管理的目标。

1. 协调要素关系

旅游地生态系统的各要素不是相互孤立的，因此各要素变化的协调性是决定系统功能是否向着优化方向发展的重要因素。例如当旅游者的出游规模、偏好、时间、消费等方面发生转换时，社区居民是否及时地调整旅游发展政策，开发新的景点，建设配套设施，或提升旅游服务质量；当自然环境的承载能力发生变化时，社区居民是否进行了适当的生态环境保护措施等。相互配合、相互促进、相互补充、协调发展的系统关系结构，有助于旅游地生态系统中生态功能的持续发挥，并强化旅游功能，产生协同效应。

要协调旅游地生态系统中的要素关系，掌握不同要素关系对于整体功能的影响，可借鉴旅游生命周期模型中旅游目的地的发展演进阶段（Butler R W，1980；Lundtorp S et al，2001；Moore W et al，2005）（见表2-4），说明旅游者、社区居民与自然环境的关系转变造成的系统整体功能变化。其中，正面关系包括协调、合作等，能促进功能的优化；冲突关系包括过度利用、敌视等，是制约功能发挥的主要原因。

表2-4 旅游生命周期阶段描述

阶段划分	关系结构			功能状态
	旅游者与社区居民	旅游者与自然环境	社区居民与自然环境	
探索阶段	/	/	+	良好
参与阶段	+	+	+	良好
发展阶段	+	—	+	中等
巩固阶段	+	—	—	中等
停滞阶段	—	—	—	较差

注：+表示正面关系；—表示冲突关系；/表示无关系。

2. 优化空间配置

旅游作为一种社会经济现象，其发生发展是以空间系统作为物质载体的。功能的空间结构不仅仅体现了系统要素的相互关系及其空间分异，而且体现了旅游这一社会经济现象的空间状态。因此，功能空间结构的优化是按照旅游者的需求，结合旅游资源的空间分布特点，充分考虑基础与接待设施的现有条件及发展基础，有效组织合理空间结构的过程（尹贻梅等，2004；黄金火等，2005）。其目的是为旅游开发地域的确定、旅游基础与接待设施的空间配置奠定基础。

在功能空间结构优化中，须通过空间组织的调整，兼顾生态功能与旅游功能的协调与发挥（黄金火等，2005），即：一方面提高自然环境承载人类活动的能力；另一方面尽可能满足旅游者的旅游需求。鉴于此，功能空间结构优化的方法包括：

合理化的节点布局。选择合理的节点位置有助于合理规划布局旅游吸引物聚集体及旅游服务设施（卞显红，2003）。旅游吸引物及服务设施空间布局的合理性、与自然环境的协调性，均直接影响旅游吸引力，关系整个旅游目的地的发展。因此节点的空间布局，成为功能空间结构研究的重要内容（尹贻梅等，2004）。节点的空间布局既要突出重点，又要顾及全局，以实现节点之间的优势互补（刘名俭等，2005；黎筱筱等，2006）。在具体的操作上，要综合分析和合理评价旅游资源禀赋、地理区位、经济背景与自然环境特征等（汪德根等，2005）。

网络化的结构组织。网络化的结构组织有助于节点之间的协作交流，促进旅游者在空间的辐射和流通（戴学军等，2005；刘名俭等，2005），从而延长旅游者的停留时间，实现系统旅游功能的强化。在具体的操作上，须分析旅游者空间流动的流量、流向等规律，分析节点空间结构的状态与特征，以及自然环境的承载力与开发条件等（尹贻梅等，2004）。

（四）结论

对旅游地生态功能的优化研究，是协调旅游地发展过程中人地关系的关键领域。脱胎于景观生态系统研究的旅游地生态系统，是由旅游者、社区居民与自然环境相互作用、相互影响所形成的系统整体。旅游地生态系统的要素组成与相互作用，为系统功能的优化研究奠定了基础。第一，系统功能产生于要素之间的相互作用；第二，相应于要素组成特征及其相应需求，系统功能可以划分为生态功能与旅游功能；第三，根据要素的作用关系与空间分异，系统功能的结构由关系结构与空间结构两部分内容组成；第四，系统功能的变化正是由于要素各自的变化及其相互作用关系变化所致。因此，旅游地的生态功能优化研究，必须立足于系统的要素组成、相互关系及其空间分异的综合分析。在此基础上，需要关注下列三个问题：

首先，功能变化与影响因素研究的整合。在功能优化的研究中，不仅要认识功能变化的过程，还需辨析功能变化的内在作用机制与外在影响因素，才能在此基础上掌握系统功能变化规律，预测其变化方向，掌握制约功能发挥的问题根本，从而为制止或逆转系统功能的不良趋势以及制定适宜的优化途径奠定更为可靠的基础。

其次，关系结构与空间结构优化的整合。当前的研究中，对于系统的功能优化大多关注空间结构的优化，而忽视了关系结构对于系统功能优化的决定性作用。旅游地生态系统的功能优化中，关系结构与空间结构是不可分割的一组复合特征，相同的关系结构配以不同的空间结构或是不同的关系结构配以相同的空间结构，都会表现出不同的功能组合特征和空间差异，这必然对系统中旅游者及其相关能量、物质、资金的流动产生不同的影响。因此，在功能优化研究中，还需大大加强关系结构与空间结构研究的整合。

最后，目标导向与优化过程的整合。旅游地生态系统功能优化研究，大多具有较为明确的目标指向。但目标导向的功能优化研究，往往忽视了功能变化过程中的优化问题。因为随着系统功能优化的不断进行，其组成要素的关系结构与空间结构也会不断发生变化，从而产生新的功能特征。因此为了更好地将优化结果应用到实际工作中，需要结合优化中的不同阶段，分析要素的不同变化条件下可能的优化方案。

第三章
研究区域状况

云南省玉龙纳西族自治县（简称玉龙县）地处云南省西北部（99°23′~100°32′E，26°34′~27°46′N），东与宁蒗彝族自治县相邻，南与剑川县相连，西与维西傈僳族自治县、兰坪白族普米族自治县接壤，北隔金沙江与香格里拉县、四川省木里藏族自治县毗邻，全县呈"V"字型形状，东西宽约112km，南北长约149km，国土总面积6392.6km^2。截至2011年年末，全县总人口21.57万人次，有纳西、汉、白、傈僳、彝、藏、普米等十多个世居民族，其中纳西族人口11.63万人，占全县总人口的53.93%，是中国唯一的纳西族自治县。玉龙县下辖黄山、石鼓、巨甸3个建制镇，石头白族乡、黎明傈僳族乡、九河白族乡等3个民族乡，白沙、拉市、太安、龙蟠、鲁甸、塔城、大具、宝山、奉科、鸣音10个乡。

一、自然环境概况

（一）地形地貌

玉龙县地处青藏高原东南边缘，横断山脉向云贵高原的过渡地带，由于金沙江及其支流的强烈侵蚀切割作用，将高原分割成平面块状山顶，谷多而深切的峡谷，形成了金沙江宽窄峡谷和部分岩溶地貌，具有横断山峡谷和滇西高原两个单元的地貌特征。全县山脉大多呈南北走向，地势西北高、东南低。最高峰为玉龙雪山主峰扇子陡，海拔5596m，最低点为鸣音乡余罗江面，海拔1380m，相对高差达4216m。全县可分高山、中山、低山、坝子等地貌类型。

（二）气候特征

玉龙县属低纬高原南亚热带季风气候，主要特点为：①日照充足，全年日照时数为2530小时，日照率57%；辐射较强，年辐射强度146.5千卡/cm^2。②大部分地区年内温度变化不明显，年均气温12.6℃，年较差12℃；无霜期294天，≥10℃的年积温3464℃；③干湿季节明显，年均降水量953.9mm，相对湿度62%，降水多集中在6~9月，占全年降雨量的80%以上。具有"干湿季分明、四季不分明、雨热同季、冬春多旱、夏秋多雨"的气候特点。根据温度垂直差异，全县自低海拔至高海拔依次形成河谷南亚热带、河谷北亚热带、山地暖温带、山地亚寒带、雪山冰漠带等6

种气候类型。形成了"一山分四季、十里不同天"的复杂气候。气候是旅游开发的重要背景条件，它通过影响人体的舒适度而影响旅游活动。由于玉龙县全年没有严冬酷暑，一年四季均可旅游。又由于6~9月降水量偏多，因此相对而言5月及10月是玉龙县最为适宜的旅游时间。

（三）植被类型

玉龙县属滇中、滇东高原半湿润常绿阔叶林、云南松林区。因地貌复杂，海拔高差大，具有寒、温、热等多种气候，造成了自然植被的分布随海拔与主要气象因素变化的垂直地带性，形成了从亚热带到寒带的丰富植物群落。

1. 金沙江干热河谷灌木草丛带

分布在海拔1900m以下。气候干热，乔木树种不多，偶见有云南松、攀枝花、金合欢、滇油杉等。灌木常见有车桑子、胡枝子、小铁仔、火棘、余甘子、蔷薇等。草本有旱茅、鬼针草、扭黄茅、戟叶酸模等。

2. 河谷半山暖热性针阔叶林带

主要分布在海拔1900m~2600m之间。主要乔木有云南松、光叶石栎、旱冬瓜、黄背栎、香樟、槭树等。灌木有南烛、金丝桃、荚迷、清香木、悬钩子等。草本有旱茅、细柄草、野古草、铁线莲、黄背草等。

3. 暖温性云南松及常绿针阔叶混交林带

主要分布在海拔2600m~3200m之间。常见有云南松、华山松、高山松、旱冬瓜、滇楸、青冈栎、高山栎等。灌木有南烛、锦鸡儿、水红木、乌饭、杨梅、珍珠花、杜鹃多种。草本有萎陵菜、野古草、野青茅、蒿类、蕨类等。

4. 寒温性中山云、冷杉林带

主要分布在海拔3200m~4000m之间。主要乔木有丽江云杉、丽江冷杉，散见有铁杉、大果红杉、桦木等。灌木有矮刺栎、箭竹、杜鹃、小檗、马缨花、三棵针、忍冬等。草本有莎草、野青茅、虎耳草、沿阶草、草莓等。

5. 亚高山灌丛草地带

主要分布在海拔3700m~4200m之间。少量分布有以冷杉为优势的寒温性针叶林。灌木以杜鹃属为主，另有忍冬、箭竹、高山柏等。草本有鸢尾、香青、鞭打绣球、高山龙胆等。

6. 高山冰缘流石滩稀疏植被带

主要分布在海拔4000m~4500m之间。由于气候寒冷，光照强烈，无乔灌木分布。植被仅有抗寒力强、株型矮小、根系发达的草本生长，主要有绒蒿、雪莲、虎耳草等。

(四)土壤类型

根据1980年第二次土壤普查结果,玉龙县土壤主要有棕壤、暗棕壤、黄棕壤、红壤、紫色土等13类,21个亚类,43个土属,52个土种。土壤分布可以总结为以下四种情况:①受母质影响的土壤分布。母质不同,土壤类型也不同。②受人类耕作影响的土质分布。位于主要居民地周边的土地,由于水肥条件较好,又有良好的耕作栽培技术和管理技术,土地利用率和土壤生产力一般较高,土壤以高肥力的鸡粪土、油红土为主。③垂直分布。玉龙县境内相对高差达4377m,受生物气候的影响,土壤类型的分布呈明显的垂直带谱状特征。海拔4500m以上为原始土壤(冰沼土);4200~4500m主要分布亚高山寒漠土;3500~4200m分布亚高山草甸土;2600~3800m为棕壤带,包括黄棕壤(2600~2800m)、棕壤(2600~3200m)和暗棕壤(3200~3600m);3600~3800m处是暗针叶林土;1300~2600m为红壤土带,包括褐棕壤(1300~1700m);黄红壤、红壤、粗骨猩红壤(1700~2600m)。④非地带性土壤分布。水稻土主要分布在坝区和江边河谷地区等水利条件较好的区域;冲击土分布在江河流域沿岸的阶地和绝大多数的山谷出口处;而地势低洼、易积水、排水不畅的区域主要分布沼泽土和潜育型土壤。

(五)水文状况

玉龙县境内水系分属金沙江水系和澜沧江水系。金沙江从县境西北的塔城入境,在县境东南金沙乡出境,于北侧通东侧环抱整个玉龙县域,过境447km。九河发源于罗凤山、铁架山,是澜沧江水系黑惠江的源头,经九河坝,流入剑川县境,境内流程20km。除金沙江外,流域面积在200km^{2}以上的河流主要有新主河、金庄河、冲江河、大具河、黑白水河、漾弓江、九河等。主要湖泊有拉市海、文海。玉龙雪山海拔5000m以上的山体终年积雪,有固体冰川11.25亿立方米,夏秋季节,部分冰川融化,成为周围河流、泉、滩的主要水源。全县地表年产水量29.14亿立方米,人均占有量高于全省平均水平,但由于山高坡陡,金沙江河流深切,排泄条件较好,又由于地形条件限制,水量调节性差,加之降雨年内分布不均匀,因而水资源利用率较低。

(六)森林资源状况

据2009年完成的玉龙纳西族自治县森林资源规划设计调查报告,全县林业用地面积493 336.1hm^2,占总面积的79.57%;非林业用地面积126 692.9hm^2,占总面积的20.43%。全县森林覆盖率72.30%,其中:有林地覆盖率67.46%,国家特别规定灌木林地覆盖率4.84%。

全县林地面积共493 336.1hm^2,其中:有林地面积418 244.3hm^2,占林业用地面积的84.78%；疏林地面积1492.6hm^2，占林业用地面积的0.30%；灌木林地面积69 574.4hm^2，占林业用地面积的14.10%；未成林造林地面积226.4hm^2，占林业用地面积的0.05%；苗圃地面积2.7hm^2；无立木林地面积2992.9hm^2，占林业用地面积的0.61%；宜林地面积802.8hm^2，占林业用地面积的0.16%。

二、社会经济概况

（一）行政区划

1961年4月10日，丽江纳西族自治县经全国人民代表大会常务委员会批准成立，时辖27个人民公社，含286个大队，5条街。1963年，全县设7区1镇，并将大公社改为小公社，撤销大队一级建制，共设120个公社、5个街道办事处。1966年，全县120个小公社合并为23个公社，下设133个大队、5个街道办事处。1979年，大研公社改为大研镇，全县设22个公社1个镇。1980年，部分公社调整大队规模，新增22个大队，全县共设155个大队。1984年，改革政社合一体制，撤销人民公社，设区建乡，全县共设14个区、1个镇、132个乡、4个乡级镇、6个街道办事处、7个农村办事处。1988年，撤区设乡，原小乡改为行政村。全县共设21个乡、3个镇，122个行政村、7个街道办事处、23个农村办事处、1212个自然村，1696个合作社、48个居民委员会。2002年12月26日，国务院批准（国函〔2002〕122号）撤销丽江纳西族自治县，设立古城区和玉龙纳西族自治县。古城区辖原丽江纳西族自治县的大研镇、龙山乡、七河乡、大东乡、金山白族乡、金江白族乡。玉龙纳西族自治县辖原丽江纳西族自治县的黄山镇、石鼓镇、巨甸镇、白沙乡、拉市乡、太安乡、龙蟠乡、金庄乡、鲁甸乡、塔城乡、大具乡、宝山乡、奉科乡、鸣音乡、石头白族乡、仁和傈僳族乡、黎明傈僳族乡、九河白族乡，县人民政府驻黄山镇。经过历年的调整，截至2011年年末，全县共辖16个乡镇，即黄山镇、石鼓镇、巨甸镇、白沙乡、大具乡、拉市乡、太安乡、龙蟠乡、鲁甸乡、塔城乡、黎明乡、宝山乡、奉科乡、鸣音乡、石头乡、九河乡，共计102个村（居）委会。

（二）人口状况

根据《玉龙纳西族自治县统计年鉴2011》，年末总人口为215 719人，年末总户数为53 181户。总人口中，县辖镇人口为62 964人，非农业人口18 727人，农业人口196 992人。

玉龙县内有纳西、汉、白、彝、普米、苗、藏等十多个民族。2011年的统计资料显示，少数民族人口为178 833人，占全县总人口的82.90%，而占总人口53.93%

的纳西族为世居土著民族。少数民族独特的风俗习惯、文化娱乐、宗教信仰、建筑、活动场所，甚至具有重要价值的文献资料，都成为吸引旅游者的重要旅游资源。

（三）产业结构

1988年以来，随着国民经济的发展，三次产业的产值均不断上升。玉龙县生产总值自1988年的21 956万元，迅速增长到2001年的151 526万元，年均增长率达16.02%。2011年达到273 268万元。1996年之后，玉龙县产业结构经历了一次大的结构转型，三次产业结构从"三、一、二"转向"三、二、一"形态。

（四）人均收入

2011年玉龙县农民人均纯收入4412.96元，同比增长23.1%，增幅创区县分设以来的最高水平。其中工资性纯收入789.89元，家庭经营纯收入3433.75元，财产性纯收入40.73元，转移性纯收入148.57元。

表3-1　2005—2011年玉龙县农民人均纯收入增长情况表

	2005年	2006年	2007年	2008年	2009年	2010年	2011年
农民人均纯收入（元）	1570	1729	2036	2507	2997	3586	4413
增长速度（%）	7.8	10.1	17.8	23.1	19.5	19.7	23.1

（五）森林分类经营区划概况

1999年两类林区划时，原丽江县（现玉龙县、古城区）林业用地总面积8 663 068.5亩，其中生态公益林面积为6 589 854亩，占林业用地总面积的76.1%。2004年国家重点公益林区划时，玉龙县对公益林比例进行调整，全县林业用地总面积7 150 170亩，其中：公益林面积3 501 568亩，占林业用地面积的49%；商品林面积3 648 602亩，占林业用地面积的51%。2008年12月国家重点公益林区划时，全县林业用地总面积7 400 041.5亩，其中：公益林面积4 489 570.5亩，占林业用地面积的60.67%；商品林面积2 910 471亩，占林业用地面积的39.33%。2008年省级公益林校核调查确定玉龙县公益林面积4 449 530亩，占林业用地面积的60.13%；商品林面积2 950 516亩，占林业用地面积的39.87%。在公益林中：国家级公益林3 456 009亩，省级公益林973 413亩，市级公益林20 108亩。2011年国家级公益林县级实施方案编制时全县林业用地总面积7 400 045亩，其中：公益林面积4 449 600亩，占林业用地面积的60.13%。在公益林中：国家级公益林3 456 000亩，省级公益林973 500

亩，市级公益林20 100亩。商品林面积2 950 445亩，占林业用地面积的39.87%。

三、旅游业发展历程

玉龙雪山省级自然保护区成立于1984年，保护为主的功能使其并没有成为旅游者的主要游览区。此外，从基础设施和旅游接待设施来看，当时玉龙县旅游业发展的基本条件较差。玉龙县的外部联系通道仅有大研镇经大理到达昆明的公路，且路况不佳，从大研镇到昆明市需要十五六个小时车程；各景区之间的道路几乎都是林区便道，交通状况较差[①]。1992年以前，玉龙县只有屈指可数的两家宾馆，而且设施陈旧，功能单一，以内部接待为主（宗晓莲，2002）。但在这个阶段内，玉龙县的一系列举措已经体现了当地旅游发展的思路，并为玉龙雪山的开发做好准备。丽江地委、行署于1991年成立玉龙雪山开发领导小组，下设办公室对玉龙雪山景区的旅游资源进行详细调查，并编制《玉龙雪山开发区建设可行性研究报告》。1993年云南省人民政府下发《云南省人民政府关于建立丽江玉龙雪山省级旅游区有关问题的批复》，正式批准玉龙雪山旅游开发区为省级旅游开发区，并相继启动了玉龙雪山水、电、路、通信、排污及平整土地的"五通一平"基础设施建设工程。最有效改善丽江可达性状况的丽江机场也于1992年开始投入建设。

1994年10月，云南省政府滇西北旅游规划会议召开。云杉坪索道于1994年开工建设，并于同年竣工。丽江机场于1995年竣工通航。索道和机场的建设使得玉龙县的内外交通条件大为改观。

1996年玉龙县旅游业实现了突破性发展。1996年底玉龙雪山"五通一平"基础建设全面完成。同年6月29日，玉龙雪山大索道开始建设，于1997年7月竣工并投入营运。此外先后进行了云杉坪栈道、牦牛坪索道和东巴王朝等旅游基础接待设施及旅游配套设施项目的建设。为了未雨绸缪地防止旅游者的增加而导致的环境破坏，玉龙县于1998年5月完成《丽江玉龙雪山及古城旅游区环境保护规划》。1997年末玉龙县专门成立了老君山景区开发领导小组办公室，并组织力量对老君山黎明景区开展了前期调查，2000年底完成了《丽江老君山景区黎明、九十九龙潭片区主要旅游地详细规划》。1998年6月，拉市海湿地省级自然保护区建立。1998年大（理）丽（江）公路建成通车，实现玉龙县与省会昆明连接的主干道全部高等级化[②]。从

---

① 丽江市交通局资料
② 丽江市交通局提供资料

昆明到达玉龙县的时间缩减到7~8个小时。虽然昆明到玉龙县的航班更为便捷，但公路交通的价格优势仍使大部分旅游者选择乘坐巴士到达玉龙县①。

2001年1月，玉龙雪山旅游度假区进入全国首批AAAA级旅游区（点）行列。2001年3月"三江并流"区丽江老君山保护管理委员会正式成立，同年，老君山管委会建设了旅游者中心和部分旅游基础设施。2003年，老君山片区作为"三江并流"地区的重要组成部分，入选世界自然遗产名录。同年，纳西《东巴古籍文献》列入世界记忆遗产名录。至此，玉龙县成为拥有三项世界遗产头衔的地区。白沙壁画等景点（区）也于该阶段先后得到开发②。2001年丽（江）宁（蒗）公路全面建成通车，以此为标志，玉龙县形成了南北向国道214线、大丽线、祥宁线，东西向丽宁线、丽攀线构成的"三纵两横"公路主干网③。各景区之间的公路等级也有明显提高，丽江古城至玉龙雪山之间修建了分上下车道的旅游专线，丽江古城通往老君山的大部分道路提升为二级公路④。规划建设了大（理）丽（江）铁路和丽江（经奉科）—泸沽湖的旅游小环线。到2002年底，丽江机场已相继开通了省外航线—北京、上海、广州、深圳、成都、贵阳、重庆7条，省内航线昆明—丽江、丽江—西双版纳两条⑤。2002全年，丽江机场共安全保障各类飞行起降架次达8084架次，运输起降7818架次，旅客吞吐量673 129人次；货邮吞吐量3960.10吨⑥。玉龙县的旅游接待能力也逐步得到扩展。2001年底县域内共有宾馆饭店76家，其中星级饭店（含预备星级）64家，包括五星级1家，四星级4家，三星级12家，二星级33家，一星级14家，标准床位12 000张。一般旅社、招待所、民居、客栈298家，床位8000个。旅行社32家，旅游区（点）22个，旅游汽车公司6家，座位7600座，旅游定点购物商店12家，旅游定点餐馆23家。全县日接待能力2万人次。旅游直接从业人员1.2万人，间接从业人员4万人⑦。到2004年，星级饭店已增加到160家，床位数18 177个，加上一般旅社、招待所、民居、客栈，玉龙县的总床位数近50 000个⑧，按此推算，全县日接待能力为5万人次。

玉龙县经过丽江撤地设市区县分设后，玉龙县城主体工程竣工，大理丽江铁

---

① UNESCO，2000.
② 古城区旅游局提供资料
③ 丽江市交通局提供资料
④ 玉龙县交通局与丽江市公路管理总段提供资料
⑤ 丽江市交通局提供资料
⑥ 丽江地区地方志办公室，2004
⑦ 玉龙县旅游局2001年工作总结
⑧ 古城区旅游局2004年工作总结

路开通，玉龙县海内外旅游者接待量、旅游总收入、境外旅游者接待量、旅游创汇和旅游景点、旅游饭店、旅游客栈、农家乐、旅游购物店、旅游从业人员、旅游税收、旅游增加值占国民经济的比重、旅游税收对县级财政的贡献率等各项旅游经济指标得到了较大的增长，旅游经济总量不断扩大。"十一五"期间旅游经济持续稳定发展，各项发展目标超额完成。"十一五"末的2010年，全县共接待境内外旅游者506.78万人次，其中国内旅游者471.49万人次，境外旅游者35.29万人次。旅游总收入50.74亿元人民币，其中国内旅游总收入43.93亿元，旅游外汇收入10 009.74万美元。超过了"十一五"确定的490万人次总接待量和40亿元人民币旅游总收入的目标，分别达到"十一五"规划目标的103.42%和126.85%[①]。2011年，接待境内外旅游者598.32万人次，其中国内旅游者558.46万人次，境外旅游者39.86万人次，旅游总收入59.89亿元人民币，其中国内旅游总收入52.59亿元人民币，旅游外汇收入10 735.29万美元[②]。截至2011年底，全县拥有旅游景区（点）40个。其中：国家5A级景区1个、4A级景区2个、3A级景区2个、2A级景区6个、1A级景区1个。国家级红色旅游经典景区及爱国主义教育基地1个，全国文明景区1个，国家水利风景区1个，国家地质公园2个，国家公园1个，国家重点文物保护单位3个，全国休闲农业与乡村旅游示范点2个，全国首批传统村落3个，省级旅游小镇2个，省级旅游特色村4个，全省休闲农业与乡村旅游示范企业2户，特色旅游村数26个。生态农庄10个，旅游饭店7家，旅游餐馆36家，旅游购物店75家，普通住宿设施113家，农家乐135户，旅游游乐场所3户，旅游出租汽车560辆，旅游大巴180辆，乡村旅游服务马队30个，马匹共3878匹[③]。

2011年以旅游为主体的第三产业收入在全县国民经济中的比重达40%，旅游税收对县级财政的贡献率达到30%。2012年全县休闲农业及乡村旅游营业收入达3.66亿元，实现利润9312万元以上，上缴税金3725万元，农产品销售收入1.5亿元，从业人员16 000人，农民就业人数14 000人，带动农户20 000户，带动农民40 000人以上，有30 000名农民从中获得收入，占农民收入的15%。

四、生态脆弱性评价

玉龙县地形地貌复杂，气候分异性大，生物多样性集中，景观生态结构多样，

---

① 玉龙县"十二五"旅游业发展规划
② 玉龙县统计年鉴2011
③ 玉龙县休闲农业与乡村旅游发展规划

以"山、水、田、城"为主要生态结构特征，为玉龙县的社会经济发展提供生态服务与支持。

（一）全球气候变化对地形地貌起伏变化影响的界面脆弱性

玉龙县海拔高差悬殊大，金沙江与老君山、玉龙山两大山系交错架构；属低纬暖温带高原山地季风气候，兼具海洋性气候和大陆性气候特征。水分、能量、生态系统特性在本地跃变现象突出。在界面附近，系统的结构、功能以及各种自然和社会经济过程受界面跃变的自然要素影响显著，具有不稳定特征，在一定程度上甚至表现出灾变的趋势。此脆弱性的诱因是全球气候变化与地形地貌的交互作用，其影响后果表现在：不同性质气候交互作用必然引起生态环境的态势变化。地形地貌较大起伏对玉龙县的潜在经济影响具有较大负向效应。气候变化与地形地貌的交互作用造成了社会文化的脆弱倾向性抉择。

（二）自然干扰作用引起的脆弱性

玉龙县自然干扰所引起的生态系统脆弱性主要表现在：连阴雨低温冷害、旱灾、洪涝、地震等。连阴雨低温冷害：玉龙县农业生产最大的一种自然灾害，是由于连续低温导致农业作物热量不足引起的。旱灾：金沙江干热河谷与低热坝区主要的自然灾害，是由地形和气候交互作用的结果。洪涝：干雨季分明所引起的较高强度的集中降雨，在玉龙各地区均有洪涝发生。地震：玉龙县处于喜马拉雅—太平洋火山地震带上，地区地震灾害频繁。

（三）人为干扰作用引起的脆弱性

陆地生态环境破坏：由于城市拓展、旅游活动等人类干扰活动，导致生物多样性减少、水源污染、水土流失与土壤侵蚀严重等问题，部分土地生态系统功能丧失现象十分突出。农业面源污染严重，玉龙县农业区域面积广，多处于山间坝谷地带，农业面源污染对附近水源造成了威胁。

五、生态补偿状况

（一）玉龙县生态补偿情况

1. 常态化补偿资金主要由退耕还林与森林生态效益补偿基金构成

为保障研究区所处的长江中上游生态安全，国家和云南省在玉龙县当地分别采取了天然林保护工程、退耕还林（还草）工程、公益林保护等系列措施，并根据相关规定开展了生态补偿工作。除生态公益林补偿资金和水土保持收费属长效政策外，绝大多数补偿政策的实施是以工程或计划为载体的，具有明确的实施期限。因此，从长期的补偿资金来看，玉龙县主要由退耕还林补偿与森林生态效益补偿基金两个部分构成。

玉龙纳西族自治县山区和半山区占总面积95%，农业人口占总人口95.5%。自2000年被国家列为全国退耕还林工程建设示范县以来，至2012年底已累计完成退耕还林工程建设任务150 210亩，其中：退耕还林56 460亩，荒山荒地造林71 250亩，封山育林22 500亩。退耕还林工程的实施，极大改善了玉龙县的生态环境，提升了植被覆盖率，也加快了产业结构调整的建设步伐。玉龙县居民获得的退耕还林补偿标准为由国家财政负担每亩210元的粮食补助（当地规定，若个别退耕农户因口粮确有困难需要补助粮食的，经乡镇人民政府审定后，由粮食部门组织粮源进行补助），以及省财政负担的每亩30元粮食调运费。从补偿途径来看，退耕还林补偿金由各乡镇负责将每亩240元的补助款兑现给退耕农户。

据2009年完成的玉龙纳西族自治县森林资源规划设计调查报告，全县土地总面积620 029.0hm^2。其中：林业用地面积493 336.1hm^2，占总面积的79.57%；非林业用地面积126 692.9hm^2，占总面积的20.43%。全县森林覆盖率72.30%，其中：有林地覆盖率67.46%，国家特别规定灌木林地覆盖率4.84%。按照《云南省林业厅、云南省财政厅关于开展公益林生态效益补偿县级实施方案修订和编制工作的通知》（云林联发〔2011〕39号）文件精神，2011年玉龙纳西族自治县林业局和财政局编制了《云南省国家级公益林生态效益补偿玉龙纳西族自治县实施方案》和《云南省省级公益林生态效益补偿玉龙纳西族自治县实施方案》。根据方案，在玉龙县公益林中：国家级公益林3 456 000亩，省级公益林973 500亩，市级公益林20 100亩。森林生态效益补偿基金标准为国有的国家公益林不补偿，集体或个人所有的国家公益林10元/亩·年（所有者补偿费占全部管护补助性支出的比例不低于50%），使用权为集体和个体的省级重点公益林生态效益补偿标准为2011年按7.5元/亩·年，2012年以后按10元/亩·年（使用权为集体和个人的省级公益林，统一将50%的补偿性支出用于林权使用者补偿费，40%的补偿性支出用于护林员直接管护费，县级统筹费10%）。据此，玉龙县居民能够获得的森林生态效益补偿基金大致为5元/亩·年。

2. 旅游业在一定程度上成为弥补生态补偿资金不足的重要渠道

在现实情况中，土地对于玉龙县不同地区的居民产生不同的影响（习熠华等，2008）。在坝区或城镇附近，年轻人纷纷走出村寨外出打工，把土地留给妇女和老人，无劳力者把土地转让给别人耕种。土地对于类似地区的居民而言不再是谋生的依靠。而在玉龙县黎明村等山区，产业结构以农业和畜牧业为主，社区居民只能从产粮食的地里得到温饱，从放养的牲畜里找零花钱。粮食的生长周期不超过一年，居民可以根据祖辈的经验计划地里该种些什么，只要风调雨顺，多少有点收获。因此，土地的区位与数量决定了退耕还林之后社区居民收入的较大差异。在承包地不足而且粮食的产出非常低下的情况下，居民们仍然习惯于继续向土地要粮，向草场要钱。在补偿标准过低的背景下，对于区位条件制约了获得其他产业就业机会的社区居民而言，生活水平不但得不到提高，还潜藏着越来越贫困的可能。

而旅游业的发展，为玉龙县居民提供稳定的就业机会提供了保障，也为弥补生态补偿资金不足开辟了重要的渠道。

以白沙乡为例。白沙乡土地贫瘠、气候寒冷，不大适宜农作物种植。随着玉龙县旅游业的不断发展，白沙群众参与旅游人数逐年增多。据不完全统计，2005年底，全乡常年参与旅游人数超过1000人，甚至白沙古街、玉龙村、玉湖村有些家庭已不做农活，全家参与旅游。随着白沙旅游业的不断发展，群众的收入也逐年增加。人均纯收入2003年为1101元，2005年上升到1452元；全乡经济总收入2003年为1062.5万元，2005年增加到1338.41万元，其中旅游收入551万元。玉湖村位于玉龙雪山南麓，距丽江市区18公里，是一个历史文化深厚、山水风光秀丽的纳西古村寨。全村有3个自然村、9个村民小组、368户、1478人。2004年村党组织按照"生态立村、产业富村、科技兴村、文化强村、堡垒筑村"的发展思路，带领群众闯出一条"党支部+合作社"的发展致富新路子，使昔日贫穷落后的玉湖村发生了由乱到治、由穷到富、创先争优的变化。到2011年，全村旅游总收入达到780万元，农民人均纯收入达到4050元，所有农户都用上了自来水、安装了闭路电视和程控电话，人居环境大为改善，成为丽江市"生态、文化、旅游、和谐"的示范村，云南省首批乡村旅游特色村。

拉市乡位于玉龙县城西面，距丽江市区8公里。良好的区位条件和资源优势，特别是拉市海高原湿地省级自然保护区的成立，提高了拉市乡的知名度，许多旅游者慕名而来，为农民参与旅游提供了极为重要的条件，以拉市海湿地游为主的自然生态旅游逐渐兴起，旅游业成为拉市乡农民增收的又一新渠道。2005年成立的安中民俗生态旅游合作社，采取的经营模式主要是："全村参与，共同合作，租赁土地，按户出资，马匹（游船）入股，集中管理，实行月薪"。合作社向村里租赁土地，由本村的女致富带头人木芸珍承包经营，与参与农户订立经营合同，按月发放1000元工资。承包人负责马场管理，承担经营风险，实行自负盈亏，切实保障了农民收入。在安中民俗旅游合作社的带动下，美泉、均良村委会的旅游发展起来。据不完全统计，美泉村委会60%的农户直接参与到旅游当中，参与户达650户、参与人数超过700人，经营马匹达1400多匹、经营船只达750多艘，参与旅游的农户月均收入3000元左右。

3. 部分景区已经开始探索系统的旅游生态补偿机制建设

玉龙雪山景区于1988年被列为国家重点风景名胜区，1993年经云南省人民政府批准成立丽江玉龙雪山省级旅游开发区。景区面积415平方公里。2001年，玉龙雪山景区被评为全国首批4A级景区，2007年5月又被评为国家首批5A级景区。景区面积415平方公里。经过近20年的开发和建设，景区累计投资10多亿元，完善了景区水、电、道路等基础设施建设，开发建成了甘海子、冰川公园、云杉坪、牦牛坪、蓝月谷以及高尔夫球场、"印象·丽江"、皇冠假日等一批景点和文化项目；景区功能的完善有力促进了景区的发展，是云南省门票收入最高的景区。玉龙雪山结合"四区一体（自然保护区、风景名胜区、旅游开发区、社区）"的管理体制特征，构建起了以景区管委会为主导，以门票、索道、环保车等旅游项目收益为依托，保护区管理局、社区办事处、旅游公司、社区居民等多主体参与实施的旅游生态补偿模式（张一群，2015）。具体的主要做法包括（苑文华等，2014）：

（1）资金补偿。玉龙雪山管委会于2006年以"旅游业反哺农业"的方式，与社区居民签订了为期5年的旅游业反哺农业协议，每年补偿社区居民1050万元的"旅游业反哺农业"资金，户均年补贴1.4万元，人均年补贴4500元。"旅游业反哺农业"实施后，社区群众的年人均综合纯收入由原来的200多元增加到6000元（其中4500元为旅游业反哺农业的直接旅游收入）。至2011年底，旅游业反哺农业第一期累计投入资金共5250万元。此外，玉龙雪山景区每年还投入100万元左右的农业生产扶持补助专项资金。2007年至2011年，管委会先后投入530多万元用于社区的教育、水、电、交通等基础设施建设（村道建设300万元，新农村建设160多万元，教育扶持资金70多万元）。2012年至2016年（第二轮），管委会每年向社区发放的旅游项目直补资金提高到1558.5万元，比第一轮增长48.42%，社区群众享受旅游反哺补助资金年人均6000元，人均增长20%。

（2）资源补偿。主要是对景区周边的白沙乡、龙蟠乡、大具乡、鸣音乡、奉科乡、宝山乡等6个乡镇进行资源补偿及环境保护、基础设施建设等，至2011年已累计投入资金3469万元。

（3）挂钩扶贫。玉龙雪山景区确立了挂钩扶贫对象，扶贫挂钩点包括华坪县荣将镇、永胜县东风乡闷龙河村、玉龙县黎明乡千旦村，共投入资金80余万元，为当地开展了架设10千伏输电线路26公里、通路工程16公里等项目。此外，还对玉龙县部分乡镇进行产业扶持、农民扶贫，改善村社基础设施及村容村貌，累计投入资金近1000万元。

（4）建立环境保护专项资金。为建立旅游景区资源保护的长效机制，2002年调整玉龙雪山索道票价时，省物价管理部门规定索道票价提高部分的50%要上交当地财政专户，由政府安排专项资金用于玉龙雪山生态环境保护。2003年至2011年，景区管委会共提取环保专项资金1.58亿元，专项用于玉龙雪山环境保护及整治，共拆除违章建筑480栋，恢复植被31 800平方米，绿化裸露区近35万平方米，植近景观林木种20 000株（丛），恢复景区内水面面积约15万平方米，建立冰川与环境观测研究站以进行公路绿化及加强林区管护等。

（5）参与景区经营。主要是通过建立社区服务运营机制，将原社区居民进行身份转换，进行系列的培训，使社区居民转换身份成为景区服务人员，如景区的环卫人员，以及低价承包店铺在景区内进行经营、民俗表演、餐饮服务等人员。玉龙雪山景区社区隶属于玉龙县大具乡的甲子村委会，辖19个自然村组，584户，2129人，具有小学以上文化的有343人，文盲、半文盲占80%。有苗族、彝族、藏族、纳西族、汉族5个民族。近年来，随着玉龙县旅游业的迅速发展和旅游收入的不断增加，当地群众积极参与玉龙雪山景区旅游，耕种面积从原有的3000多亩减少到现在的1000亩，而从事传统农牧业生产的人员已只有不到300人，社区参与旅游服务一直按"政府安排群众经营项目和数量，群众合伙或个体包干参与"的方式进行，社区近75%的村民直接参与了景区旅游服务。《印象·丽江》雪山篇演出公司成立后，社区家家养马参加演出，每匹马演出一场有20元的收入，如今一个村有90多匹马，一天收入近2000多元，加上反哺资金和其他收入，每年户均收入达3万~4万元，人均收入6000元。

（二）生态补偿诉求

1. 补偿标准难以反映真正的生态服务功能与资源价值

生态补偿按照主体和运作机制的差异来看主要包括两种：一是政府补偿方式，即政府主导的财税转移，二是市场补偿机制，即在市场机制的调节下形成的市场化补偿方式。目前，玉龙县的补偿途径单一，实行的是以政府补偿为主的补偿机制，且政府财政投入有限。因为玉龙县相关补偿标准中仅体现了原有用途下的土地价值，即社区居民因生态保护放弃原有产业的机会成本，相当于只是通过行政手段分摊了生态环境建设和治理成本。但土地利用改变后所形成的相对隐形的景观生态价值，特别是游憩功能价值并未能通过市场补偿机制的建立而得以体现。对于旅游地而言，土地所承载的游憩功能价值又是客观存在的和难以回避的。因此，玉龙县现有生态补偿体系中普遍没有将游憩功能价值纳入生态补偿标准核算体系，导致了补偿标准低端化，一定程度上相当于变相剥夺了社区参与旅游业的权利，会影响社区居民兼顾生态保护与旅游产业发展的积极性。

2. 不同区域社区发展与生态保护之间的矛盾逐渐显现

在玉龙县，近年来旅游业逐渐代替农牧业成为地区发展的支柱产业。旅游业发展过程中，部分农牧业所依托的耕地、林地与草地转化为支撑旅游业发展的道路、饭店等建设用地。同时，正如上文所述，由于世界遗产地的保护要求以及研究区所具的长江中上游地区生态屏障功能，近年来当地持续实施了天然林保护与退耕还林（还草）等生态保护工程，使社区居民的种植规模与结构发生了变化。也使得社区居民的就业机会发生了改变，部分劳动力随着产业转型与生态保护要求由农牧业转向旅游业。旅游业成为弥补当地生态补偿资金不足的重要产业来源。但由于旅游业发展的不均衡，不同区域社区居民参与旅游业的机会不同。在放弃的机会成本差异不显著的情况下，参与旅游业机会的多少决定了获得生态补偿的多寡。因此，不同区域社区发展与生态保护之间的矛盾逐渐显现。如玉龙县2011年农民人均纯收入4413元，旅游业不发达的宝山乡等地居民人均纯收入仅为3350元，而玉龙雪山风景区所辖甲子社区居民，不仅每年能够享受由玉龙雪山管委会发放的旅游反哺补助资金年人均5000元，另外还可以通过参与《印象雪山》演出，以及从事服装租赁、马匹租赁等旅游服务，每年获得超过10000元的人均纯收入。收入上的强烈反差在一定程度上抑制了获益较少的社区居民支持旅游业以及保护生态的积极性，他们往往会选择继续经营土地，或者是放牧、伐薪，以不同的方式不同程度地违背生态保护政策，而非加入到生态保护的契约当中。因此，对于旅游地而言，生态补偿标准的制定需要进一步考虑不同地区的发展状况，随情况不同进行调整。

3. 旅游地生态补偿机制需要规范以纠正生态利益分配关系

目前玉龙县生态补偿的方式相对较为单一，以现金补贴为主，粮食补贴为辅。其他形式的补贴尚未开展，如智力补贴、技术补贴、政策补贴等。仅靠单一的资金补偿，难以满足区域的可持续发展要求。多样化补偿方式交叉进行，改变"输血"式的补偿形式，加强"造血"式补偿，才能真正体现生态补偿的价值。

同时也应该注意到，玉龙雪山国家级风景名胜区/省级风景名胜区虽然已经实施了相对较为完善的生态补偿机制，但仍然存在重开发轻保护的问题，也存在管理体制不顺、经营权与行政权叠加、经营权高于管理权的问题（张一群，2015）。在玉龙雪山的经营管理格局中，同时存在旅游和保护两个管理主体，且两个管理主体的权责不对等：作为景区旅游管理机构的景区管委会为隶属于丽江市政府的正处级单位，而作为景区保护管理机构的省级自然保护区管理局仅为隶属于玉龙县林业局的副科级单位，景区管委会在行使景区旅游管理职能的同时，又担任玉龙旅游股份有限公司的股东，兼有旅游经营的职责。在玉龙雪山生态保护及旅游生态补偿的格局中，作为保护管理者的保护区管理局一直处于被动劣势。鉴于政府监管失灵，亟待建立一套规范的旅游地生态补偿机制来控制这种失灵带来的不利后果，以纠正旅游地扭曲的生态利益分配关系。

第四章
旅游地生态补偿标准研究

一、基于生态足迹效率测算的旅游地生态补偿标准研究

如何确定生态补偿标准是旅游地生态补偿研究的难点问题,也是制约旅游地可持续发展的关键。本研究以生态保护过程中利益相关程度最高的社区居民为补偿对象,以土地价值为核算载体,基于生态足迹效率测算方法,系统性地提出了旅游地生态补偿的最低、合理与最高标准测算方法,为提高旅游地生态补偿标准核算的准确性以及推动生态补偿实践提供参考。研究表明,旅游业的发展为土地价值的实现提供了现实的市场化途径,同时提供了社区参与地区产业发展的机会。

(一)问题的提出

旅游产业作为资源利用的重要方式,随着在中国的快速发展,日益成为生态补偿的主要市场化途径与建立生态补偿长效机制的关键。特别是对于生态环境良好但经济相对落后的地区,旅游生态补偿制度的建立与实施对于环境建设、生态服务价值增值与社区减贫具有积极的实践意义(张一群等,2012;刘敏等,2013)。

补偿标准是旅游生态补偿机制的核心问题,它不仅直接关系到补偿的力度和效果,而且其确定的逻辑实际上蕴含了对旅游生态补偿的理解,并且会影响到旅游生态补偿主客体的确定以及补偿的实现。目前关于旅游生态补偿标准的确定主要有4种思路,分别从游憩功能价值(刘亚萍等,2012;Bestard A B et al,2010)、机会成本(章锦河等,2005)、生态保护成本(马勇等,2010)、支付意愿(Barnes J I et al,1992;Bienabe E et al,2006)等不同方面来确定。其中游憩功能价值是指生态环境作为旅游资源体现的价值,是生态系统服务价值在旅游活动中的体现,补偿客体指向生态环境本身;机会成本是指由于发展旅游业而放弃原有产业或不能发展其他产业的机会损失,补偿客体一般为社区居民;生态保护成本是指实施生态环境的保护管理所需要的人、财、物力,是实施生态保护行为的直接成本,补偿客体一般指当地政府;支付意愿是指为维护和提升目的地旅游资源质量,旅游者愿意进行的潜在付出,补偿主体则指向旅游者。

在中国旅游生态补偿实践当中,生态保护成本相对显性且容易界定,当地政府

的投入往往能够通过景区门票与旅游消费的形式得以体现（蒋依依等，2013）。由于相对高企的门票价格以及对于游憩功能价值认识的不充分，旅游者的生态补偿支付意愿一般较低（Barnes J I et al，1999；Tisdell C et al，2003），那么强制性的资源保护费/使用费等则成为旅游者支付意愿的被动体现。在旅游业发展的过程中，当实施相关生态保护措施而使社区居民所属的土地利用结构被改变时，相对隐形的游憩功能价值容易被忽视。相关补偿往往仅体现原有用途下的土地价值，即社区居民放弃原有产业的机会成本，但土地利用改变后所形成的游憩功能价值被尽量回避或模糊（保继刚等，2012）。对于旅游地而言，土地所承载的双重价值又是客观存在的。因此，低估游憩功能价值相当于变相剥夺了社区参与旅游业的权利，会影响社区居民兼顾生态保护与旅游产业发展的积极性。这一重要内容的缺失恰恰反映了现行旅游生态补偿制度的深层缺陷。

本研究探索以旅游地社区居民为补偿对象，以土地价值为载体，利用生态足迹与旅游生态足迹效率测算方法，在综合评估人类活动与旅游活动造成的生态环境压力、生态保护的机会成本与衍生游憩功能价值的基础上，探讨旅游地合理的生态补偿标准制定方法。

（二）研究的设计

1. 补偿标准的研究框架

研究框架的设定基于下述前提与假定：①社区居民长期的生产生活，以及旅游者短暂停留所造成的生态占用，都是由当地的生态环境所承载的。②无论旅游业发展最终是促进了当地的生态保护，抑或是导致了生态破坏，只要引起了土地利用方式的改变，都会给社区居民带来下列机会成本，如粮食收成的减少、放弃森林砍伐或种植经济林造成收益的减少，以及所带来的部分生产工具闲置、劳动力剩余等。③在旅游产业发展的过程当中，无论土地利用方式是否发生改变，土地价值会形成由原有用途下的土地价值和游憩功能价值共同组成的叠加价值（保继刚等，2012）。④社区居民的机会成本还包括因为发展旅游业而放弃发展其他产业，如采矿、化工等产业的损失。收益还包括土地利用改变后产生的生态效益，水土保持、水源涵养、气候调节、生物多样性保护等生态服务价值。由于该类成本与收益部分溢出地区边界，因此标准确定容易缺乏依据，补偿主体界定较为模糊，往往只具有理论参考价值。⑤从经济学的角度讲，只有当收益超过成本时，生态保护与恢复行为才是有效率的。

根据上述前提与假设，研究构建以机会成本核算的最低标准、以游憩功能价值核算的合理标准以及由前两者之和匡算的最高标准组成的旅游地生态补偿标准核算体系。对于当地的社区居民而言，如获得补偿低于最低标准，实际上等于利益被剥夺。只有当获得补偿处于最低标准与合理标准之间时，才表明社区居民分享到当地旅游业发展的收益，土地利用改变所衍生的游憩功能价值得到了体现。当获得补偿处在合理标准与最高标准区间时，说明土地的原有价值与衍生游憩功能价值得到真正意义上的实现，社区居民保护生态与支持旅游业发展的投入才能得到充分的补偿。

（1）基于社区居民机会成本的最低标准

相关研究成果表明，生态补偿的补偿标准与生态系统服务提供者的机会成本直接相关。具体实践也证明，利用机会成本来确定生态补偿标准具有科学性和普遍适用性（李晓光等，2009）。在参考相关研究基础上（章锦河等，2005），采用社区居民生态足迹效率综合反映社区居民土地利用的能力与效益，以式（1）反映社区居民因为土地利用变化导致的直接收益损失。放弃原有生产方式的机会成本应是社区居民利益的最低保障。

$$R = E_{ef} \times S \tag{1}$$

式中，R 为居民的直接收益损失价值，E_{ef} 为居民生态足迹效率，S 为当地生态公益林的总面积。

生态足迹效率是单位生态足迹的产出，按照式（2）进行计算。

$$E_{ef} = G/EF \tag{2}$$

式中，E_{ef} 为生态足迹效率，G 为地区生产总值，S 为社区居民生态足迹总面积。

其中，生态足迹是从需求的角度，通过度量满足人类生存所占用的土地资源以评估人类活动对生态环境的影响程度，具体指能够持续地向一定规模的人口提供资源和消纳废物的生物生产性土地（Wackernagel M et al，1996；Monfreda C et al，2004）。计算中，生物生产性土地主要包括：耕地、草地、水域、林地、化石燃料用地和建筑用地。具体计算公式详见相关文献（Rees W E et al，1996；Wackernagel M et al，1999），在此不再赘述。

（2）基于游憩功能价值的合理标准

生态环境的保护行为客观上促进了生态环境在结构与功能上的恢复，因而在调节气候、保护生物多样性、环境净化，以及休闲环境优化、文化多样性支撑等方面发挥了直接与间接的作用，整体上提升了生态系统的服务功能价值（Robert C et al，1997；欧阳志云等，1999）。对于旅游地而言，生态系统服务功能价值的提升最终将指向旅游业发展，显性表现为吸引更多旅游者，旅游地游憩功能整体上升，区域旅游收入增加。参考相关研究（章锦河等，2005），按照式（3）计算游憩功能价值，以此作为对社区居民生态补偿的合理标准。

$$V = E_{Tef} \times S \tag{3}$$

式中，V 为游憩功能价值，E_{Tef} 为旅游生态足迹效率，S 为当地生态公益林的总面积。

旅游生态足迹效率为单位旅游生态足迹的产出，按照式（4）进行计算：

$$E_{Tef} = T/TEF \tag{4}$$

式中，E_{Tef} 为旅游生态足迹效率，T 为旅游地旅游总收入，TEF 为地区旅游生态足迹总面积。

旅游生态足迹作为生态足迹的延伸，是指能够在旅游活动期间持续向一定规模的旅游者提供资源以及消纳废物的生物生产性土地（蒋依依等，2006），是衡量旅游者活动生态影响的有效指标。旅游生态足迹通过分别统计餐饮、住宿、交通、游览和购物等旅游活动的生态消费，并转换成生物生产性土地面积后加权汇总而成。具体计算方法详见相关文献（蒋依依等，2006）。

（3）基于投入与收益之和的最高标准

按照式（5）计算机会成本损失和游憩功能价值的叠加，以此作为对社区居民生态补偿的上限标准。

$$W = R + V \tag{5}$$

式中，W 为对社会居民生态补偿的最高标准，R 为居民的直接收益损失价值，V 为游憩功能价值。

2. 研究数据的收集整理

社区居民生态足迹的数据来源为2011年玉龙县社会经济统计资料。利用分项统计方法，主要从生物资源、能源消耗两个方面进行统计。其中，生物资源的消耗主要包括稻谷等农产品、油料、烟叶、食糖、牛羊肉等动物产品、水果等，能源消耗部分为避免分项统计导致的漏损，按照地区全社会能源消费总量进行分析。

旅游生态足迹的数据来源为2011年全国旅游抽样调查资料、玉龙县社会经济统计资料、旅游业统计资料、交通运输业统计资料、ETM影像，以及旅游者生态消费调查问卷等。其中旅游者生态消费调查问卷为研究组于2011年9月在丽江古城发放，问卷总数500份，回收有效问卷463份。问卷调查内容包括旅游者在玉龙县旅游期间的主要交通方式、旅游者在玉龙县主要购买的旅游商品等。其中：餐饮子系统参考社区居民每日的生物资源消耗量；住宿子系统根据玉龙县不同等级宾馆、客栈床位数，换算为相应的建筑面积和能源消耗；交通子系统主要包括丽江机场及各级道路占用建筑面积，以及旅游者在玉龙县域内各种交通方式的能耗；游览子系统为各景区内的各类用地面积；购物子系统采用将旅游者购买的主要旅游商品换算成相应的生物资源。

2011年生态公益林数据与生态补偿金额资料来自《云南省国家级公益林生态效益补偿之玉龙纳西族自治县实施方案（2012年修订）》。其他年份的退耕还林、生态补偿、居民参与情况资料来自于课题组对玉龙县旅游局、林业局的访谈与相关政府文件。

（三）理论的测算

1. 生态补偿最低标准

2011年社区居民总生态足迹为993 028.7 hm^2，详见表4–1。作为一个行政区划面积为639 260.0 hm^2的县域，社区居民的总生态足迹超过国土面积的结果表明社区居民的生产、生活强度已经一定程度超过当地生态系统的承载能力，区域生态系统已一定程度上处在人类过度开发利用的压力之下。在各类生物生产性用地中，社区居民占用最大的生物生产性土地为耕地，其次才是代表能源消耗的化石燃料用地，耕地面积为化石燃料用地面积的近3.7倍。这充分表明社区居民生产、生活对于生物资源的依赖要远远大于对能源的依赖，这与玉龙县地处滇西北山区、经济欠发达、产业结构以农牧业为主的发展状况相一致。

对比玉龙县人均生态足迹的历史变化可以发现（见图4–1），除1971—1981年间受特殊历史时期影响出现阶段性负增长以外，人均生态足迹随着玉龙县的社会经济发展而日渐增高。特别是进入21世纪之后，伴随着旅游产业的快速兴起，社区居民的生活水平不断得到改善，但不断增长的资源与能源消费对当地生态环境造成的压力日益加剧。

2011年全县生产总值（可比价格）为259 012.0万元，由此推算当年社区居民的生态足迹效率为2608.3元/ hm^2。根据林业部门统计资料，2011年全县共有国家级公益林230 400.0 hm^2、省级公益林64 900.0 hm^2、市级公益林1340.0 hm^2，共计296 640.0 hm^2。根据社区居民直接收益损失价值公式（1）计算，社区居民的直接收益价值为773 727 080.4元。如以此作为生态补偿最低标准，2011年社区居民每人应补偿3586.7元，每户应补偿14 346.9元。

表4–1　2011年玉龙县生态足迹

单位：hm^2

土地类型	生产面积	均衡因子	均衡面积
耕地	243 729.6	2.8	682 442.7
草地	207 668.6	0.5	103 834.3

第四章　旅游地生态补偿标准研究

续表

土地类型	生产面积	均衡因子	均衡面积
水域	70 000.0	0.2	14 000.0
林地	5556.7	1.1	6112.4
化石燃料用地	169 672.1	1.1	186 639.3
生态足迹总面积			993 028.7

注：由于能源消耗部分非分项统计而成，而是由当地统计部门已统一折算的能耗（标准煤）换算而来，因此缺失火电等能耗所对应的建筑用地，仅有化石燃料用地。

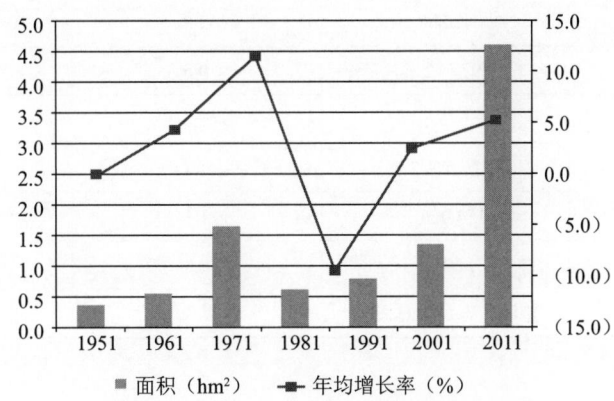

图4-1　历年玉龙县人均生态足迹比较

注：1951—2001年人均生态足迹数据来源见参考文献（蒋依依等，2005）。

2. 生态补偿合理标准

根据计算，2011年玉龙县旅游生态足迹为270 901.4hm^2（见表4-2、图4-2）。其中，以交通子系统与购物子系统的贡献率最大，而住宿子系统的影响几乎可以忽略不计。因此，可以认为交通与购物是影响当地旅游生态足迹的决定性因素。与囊括了旅游者区际交通生态足迹的已有研究相比（蒋依依等，2006），仅考虑区内交通能耗的交通子系统贡献作用有所下滑，但仍然高于其他子系统。交通子系统的主要构成为能源消耗所带来的化石燃料用地占用，机场、道路等交通设施对建筑用地的占用相对有限。购物子系统的贡献率较高，与旅游者在购物上的花费超过30%是一致的。购物子系统除包括对原材料的占用，还包括对旅游商品生产加工过程当中能源消耗的占用。住宿子系统的影响较低，与玉龙县以大量客栈为住宿单位主体相关，说明客栈式住宿方式的提供，既能使旅游者体验当地文化，又能够降低旅游过程中的能源消耗。

利用玉龙县旅游总收入作为生态保护所增加的游憩功能价值,以此计算,2011年玉龙县发展旅游业产生的59.9亿元收入所带来的旅游生态足迹效率为30 400.8元/ hm^2。根据游憩功能价值公式(3)计算,当地生态保护所产生的游憩功能价值为6 558 021 263.5元。以此作为生态补偿上限标准,2011年社区居民人均应补偿30 400.8元,户均121 603.0元。

表4-2 2011年玉龙县旅游生态足迹

土地类型	生产面积(hm^2)	均衡因子	均衡面积(单位:hm^2)
耕地	4704.8	2.8	13 173.5
草地	97 612.5	0.5	48 806.2
水域	575.3	0.2	115.1
林地	26 621.7	1.1	29 283.8
化石燃料用地	154 026.7	1.1	169 429.4
建筑用地	3604.8	2.8	10 093.3
旅游生态足迹总面积			270 901.4

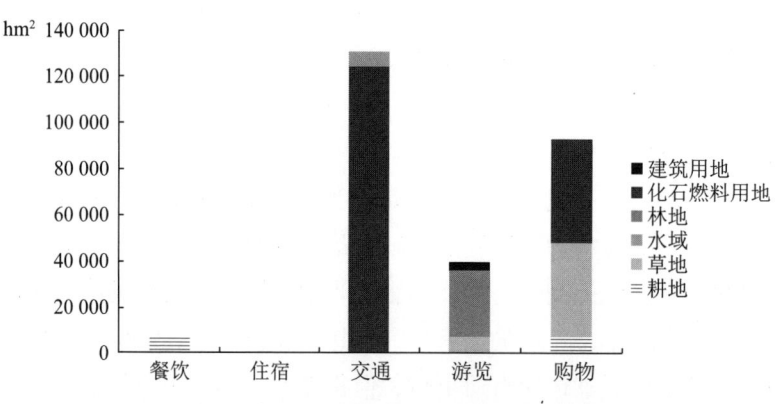

图4-2 2011年玉龙县旅游生态足迹构成比较

3. 生态补偿最高标准

2011年玉龙县社区居民与旅游者的生态足迹效率之和为24 716.0 元/hm^2,各级公益林总面积296 640.0 hm^2,根据式(5),取 k 为1,结果为7 331 748 348.6 元,以此作为生态补偿最高标准，2011年社区居民人均应补偿33 987.5元，户均应补偿135 950.0元。

对比生态补偿的最低、合理与最高标准可以看出（见图4-3），玉龙县社区居民应获得的人均最高标准达到最低标准的9.5倍，即使是相对合理的标准，也为最低标准的8.5倍。在一定程度上表明，由于资源独特性与垄断性较强，加之合理的旅游开发与生态保护，当地土地的附加值得到了较大幅度提升，这也意味着玉龙县社区居民应该获得较高的补偿额度。

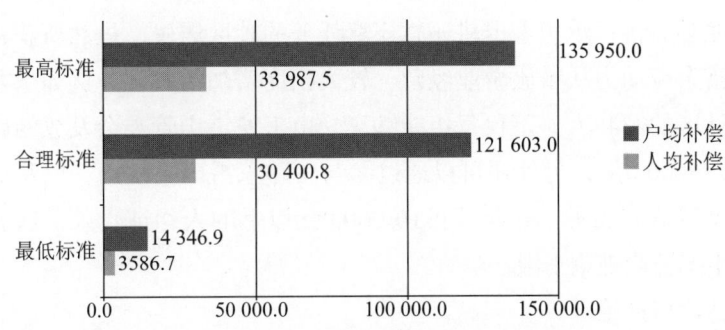

图4-3　2011年玉龙县旅游生态补偿标准比较（单位：元）

（四）现实的境地

1. 理论与现实的差距

根据《云南省国家级公益林生态效益补偿玉龙纳西族自治县实施方案（2011年修订）》，每年玉龙县生态效益补偿基金为25 901 000.0元，生态补偿范围涉及当地19万社区居民。这意味着即使补偿基金全部补偿给生态保护所涉社区居民，人均仅能获得136.0元。由于补偿基金还需支付数千名专业管护人员的劳务费（每人1000.0元/月），以及需扣除10%的县级监管费，这使社区居民能够得到的实际补偿标准，要远远低于理论上的探讨。

理想与现实的差距，部分原因来自于地方为追求政绩，导致统计数据虚高所造成的补偿理论值过高，但更主要的原因是我国经济发展水平所处阶段和生态补偿实施现状所决定的补偿资金短缺。我国目前实施的是以政府为补偿主体，以中央财政转移支付为主要资金来源的生态补偿体制（余璐，2010）。不仅不同地区之间的横向转移支付数量少，而且其他相关利益主体的参与较少。基本上完全由中央政府进行转移支付的方式决定了生态补偿资金的相对有限。

2. 替代产业的作用

正如《关于开展生态补偿试点工作的指导意见》所提到的，旅游业实际上是一种替代性产业。相对于一般的工业生产，旅游发展带来的生态环境破坏较少，而相对于严格的保护管理，旅游发展又能带来就业、收入等发展机会，因而在很多情况下旅游发展是区域发展和生态保护平衡下的一种次优选择。特别是对于生态环境良好，缺乏发展其他产业的资源与区位条件，从而经济发展相对落后的地区，旅游产业作为资源利用的重要途径，提供了市场化的生态补偿途径，对于生态保护与生态系统的服务价值增值具有积极的实践意义（张一群等，2012）。

对于玉龙县而言，承担着退耕还林还草任务的社区居民，虽然所获补偿有限，但能够腾出富余劳动力从事旅游业经营，较大幅度增加了收入。例如玉龙雪山风景区所辖甲子社区的2349人，不仅每年能够享受由玉龙雪山管委会发放的旅游反哺补助资金年人均5000.0元，另外还可以通过参与《印象雪山》演出，以及从事服装租赁、马匹租赁等旅游服务，每年获得10 000.0元以上的人均纯收入，远远超过了前文所计算的生态补偿理论下限。

（五）结论与讨论

在生态补偿标准的核算当中，最基本的工作是能够找到合适的载体（Kosoy N et al，2007），以此载体为基础定量计算出机会成本，抑或是生态服务价值。对于旅游地而言，土地利用存在着基本的生产功能以及在此基础上附加的旅游功能，体现在价值上，会形成原有用途下的土地价值和游憩功能价值共同组成的叠加价值（保继刚等，2012）。因此，以土地利用为载体，不仅能够同时反映旅游地生态保护与旅游业发展的双重内容，还能反映与土地密切相关的社区农民生产、生活及发展的问题，以此确定旅游地社区居民的生态补偿标准，具有合理性，也具有实践上的操作性。

研究采用生态足迹与旅游生态足迹效率以分别体现单位土地所承载的机会成本与游憩功能价值。作为社区居民与旅游者活动对生态影响程度的表征，生态足迹与旅游生态足迹有助于整合不同土地利用类型对人类生产生活以及旅游活动的服务。生态足迹效率与旅游生态足迹效率则有助于整合人类生产生活以及旅游活动对生态环境的消耗、消费、占用以及效用的产生之间的关系，从而为补偿标准制定提供更加有益的依据。

玉龙县人均3586.7元的生态补偿最低理论值与136元的实际相比，差别较大。但如果一味强调现实的补偿标准向理论值看齐，不仅中央与地方财政上承受能力有限，而且目前对社区居民如何合理使用补偿款项还缺乏引导和保障措施，会给生态补偿的实践造成困惑和疑难，进而可能使整个生态补偿机制无法建立。从这个意义上而言，在具体实践中，旅游业成为地区生态补偿重要的市场化渠道，也是促进社区参与地区发展的重要途径。一方面，旅游业的发展为土地价值的实现提供了现实的市场化途径，使得我国生态脆弱的地区不会从"生态退化—贫困化"的恶性循环，又跳入"生态保护—贫困化"的怪圈。另一方面，旅游业提供了社区参与地区产业发展的机会，能够在一定程度上缓解我国由于生态补偿机制的不完善所导致的生态保护与发展存在矛盾的现实问题。

二、基于功能关系结构的旅游地生态补偿标准预测研究

（一）社区居民生态足迹变化的预测

研究运用生态足迹模型，对玉龙县1949年至2001年共53年的社区居民生态足迹进行了计算，在此基础上运用逐步回归分析方法对未来近20年玉龙县的社区居民生态足迹变化进行了模拟分析。

1. 玉龙县社区居民1949—2001年生态足迹

社区居民生态足迹（Resident Ecological Footprint，REF）的数据来源为玉龙县历年社会经济统计资料，利用从下而上的方法，从生物资源、能源、工业产品消耗三个方面进行统计，并根据进出口商品的数量对玉龙县社区居民的各项消耗量进行调整，使计算值尽量接近于实际消费值。具体计算过程见相关文献（蒋依依等，2005）。

计算结果如图4-4所示。从图中可看出，玉龙县1949—2001年的人均生态足迹呈现出整体上升的趋势，从1949年的0.2938 hm^2/人攀升到2001年的1.3518 hm^2/人，人均生态足迹增长了约3.6倍，充分表明玉龙县人民的生活水平逐渐得到改善，但不断增长的消费水平对当地生态环境造成的压力日益加剧。

玉龙县人均生态足迹的发展历程大致可分为两个阶段：

①1949—1973年（波动期）。玉龙县在这段时间内，随着工农业以及交通、邮电、商业等社会公共事业的发展，生活水平逐步改善，消费能力逐步增强，人均生态足迹呈现出整体上升趋势。由于"大跃进"以及70年代前后大量基建项目建设等原因，生态足迹出现两次较大的波动。如果忽略人均生态足迹异常波动的影响，从1949年的0.2938 hm^2/人到1973年的0.5189 hm^2/人，人均生态足迹增长速度较为缓慢。

②1974—2001年（增长期）。1973年之后，玉龙县社会经济得到持续稳定的发展，人均生态足迹一直保持持续增长的态势。从1974年的0.5358 hm^2/人到2001年的

1.3518 hm²/人，人均生态足迹增长一倍有余。由于这段时间内生态环境保护的力度滞后于社会经济发展速度，生态环境所遭受的压力日趋严重。

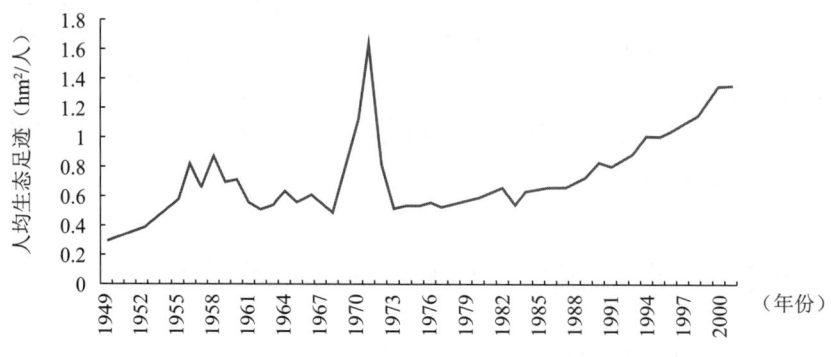

图4-4　玉龙县1949—2001年人均生态足迹

从图4-5中可以看出玉龙县1949—2001年人均生态足迹的构成变化。总体而言，耕地在生态足迹中所占比例最大，这意味着当地生物类消费品在总消费中所占比例最大，而能源消费以及工业产品消费的比重相对较低。耕地面积自80年代初期之后呈现平稳上升趋势，成为导致生态足迹上升的主要贡献因素；1957年之后，林地在总生态足迹中的比例不断增大，在1970年前后，由于基础建设项目大量消耗木材，使得林地呈现异常的大幅增长；化石燃料用地和草地生态足迹面积的变化相似，在20世纪90年代中期之前所占份额较小且变化不大，到90年代中期之后随着现代工业和畜牧业的进一步发展面积逐渐增大，成为近十年来总生态足迹增长的贡献因子；建筑用地和水域面积较小，历年来均未超过0.0005 hm²/人和0.03 hm²/人，对生态足迹变化的贡献较小。

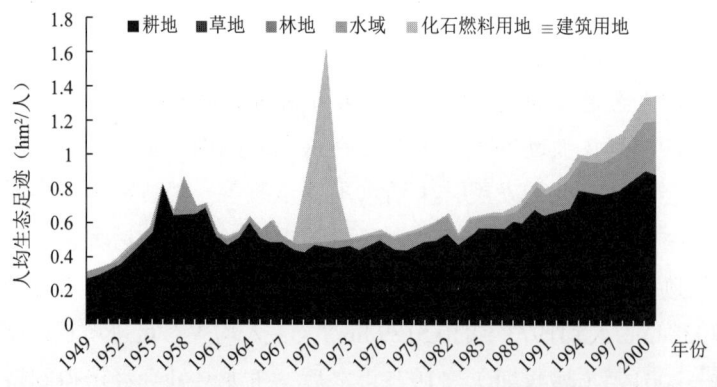

图4-5　玉龙县1949—2001年人均生态足迹构成

2. 玉龙县社区居民生态足迹预测

生态足迹体现的是一定规模人口的消费对生态环境的影响程度，而社会发展、经济进步将导致消费结构的改变，因此社会生产力水平、居民收入等社会经济因素成为影响消费的主要因子。本研究采用逐步回归分析，对社会经济因子进行统计分析、判别，获得研究区内各相关因子对生态足迹影响程度的定量认识，从而取得生态足迹的发展变化趋势。

逐步回归的基本思路是：根据系统要素的重要性大小，每步选一个重要变量进入回归方程。第一步使选择的要素有大于其他要素的回归平方和；第二步，在未选的要素中，选一个要素，使它与已选的要素构成二元回归方程，而比其他要素组成的二元回归方程有更大的回归平方和。依此类推，每选一次都进行显著性检验。同时，考虑已选要素是否会因后继选入的要素而使显著性降低，对其中回归平方和最小的要素进行显著性检验，把不显著的加以剔除。如此循环，进行到无不显著要素可剔除、又无显著要素可选入为止（林炳耀等，1986）。

设定标准变量组Y为生态足迹，自变量组X为社会经济条件。后者选取了六项社会经济相关变量，分别是地方财政收入、全社会固定资产投资完成额、社会消费品零售总额、农民人均纯收入、粮食总产量和年末人口。

为消除多重共线性、建立合理的预测模型，本研究摒除由于社会发展背景导致人均足迹波动异常的1949—1973年份数据，采用逐步回归法对1974—2001年人均生态足迹及各社会经济指标进行拟合。对数据进行处理后，选取变量较多，能充分反映生态足迹与社会经济要素之间数量关系的模型作为拟合模型：$y=6.734\times 10^{-6}x_1+2.404\times 10^{-6}x_2+3.233\times 10^{-4}x_3+0.2591$，式中 y 为人均生态足迹（单位：hm²/人），x_1 为消费品零售总额（单位：万元），x_2 为粮食总产量（单位：t），x_3 为农民人均纯收入（单位：元）。

再分别根据1949—2001年玉龙县的消费品零售总额、粮食总产量、农民人均纯收入的变化趋势构建相应的指数增长模型（具体公式与计算过程略），在此基础之上预测玉龙县未来的生态足迹变化，如表4-3所示。

表4-3 玉龙县人均生态足迹预测

年份	2005	2010	2015
人均生态足迹（hm²/人）	1.5434	2.0646	2.8605

可以看到，随着社会经济发展速度的不断加快，玉龙县的年人均生态足迹增长率也不断增长，2005—2010年之间为5.99%，2010—2015年之间为6.74%。

将1949—2001年各年的生态足迹利用预测模型估算，并与实际值相比较，可以知道生态足迹估算结果与实际值较接近，准确率（1-|（W估-W实）/ W实|）多数达到80%以上，仅在生态足迹的实际值出现异常波动时，估算误差相对较大（见表4-4）。

表4-4 玉龙县生态足迹实际值与估算值的比较

单位：hm²/人

年份	实际值	估算值	准确率（%）	年份	实际值	估算值	准确率（%）	年份	实际值	估算值	准确率（%）
1949	0.2938	0.3431	83.22	1967	0.5315	0.4966	93.43	1985	0.6412	0.6577	97.43
1950	0.3092	0.3497	86.90	1968	0.4837	0.4746	98.12	1986	0.6600	0.6768	97.45
1951	0.3464	0.3654	94.52	1969	0.7841	0.4816	61.42	1987	0.6599	0.6744	97.80
1952	0.3810	0.3764	98.79	1970	1.1065	0.5073	45.85	1988	0.6828	0.7493	90.26
1953	0.4420	0.3939	89.12	1971	1.6429	0.4975	30.28	1989	0.7303	0.7685	94.77
1954	0.5069	0.4191	82.68	1972	0.8088	0.5000	61.82	1990	0.8329	0.7785	93.47
1955	0.5787	0.4397	75.98	1973	0.5189	0.5228	99.25	1991	0.7920	0.8052	98.33
1956	0.8258	0.4856	58.80	1974	0.5358	0.4978	92.91	1992	0.8285	0.8527	97.08
1957	0.6560	0.4483	68.34	1975	0.5378	0.5227	97.19	1993	0.8999	0.8812	97.92
1958	0.8755	0.4406	50.33	1976	0.5571	0.5441	97.67	1994	1.0088	0.9533	94.50
1959	0.6864	0.4215	61.41	1977	0.5165	0.5090	98.55	1995	0.9973	1.0257	97.15
1960	0.7136	0.4423	61.98	1978	0.5294	0.5157	97.41	1996	1.0306	1.0547	97.66
1961	0.5478	0.4440	81.05	1979	0.5471	0.5664	96.47	1997	1.0975	1.0718	97.66
1962	0.5043	0.4362	86.50	1980	0.5902	0.5909	99.88	1998	1.1395	1.1419	99.79
1963	0.5421	0.4616	85.15	1981	0.6097	0.5889	96.59	1999	1.2323	1.2413	99.27
1964	0.6395	0.5090	79.59	1982	0.6619	0.6058	91.52	2000	1.3431	1.3108	97.60
1965	0.5600	0.4664	83.29	1983	0.5364	0.5978	88.55	2001	1.3518	1.3576	99.57
1966	0.6172	0.4795	77.69	1984	0.6296	0.6424	97.97				

在总体分析和预测的基础上，研究运用趋势预测方法预测玉龙县社区居民人口规模的变化。根据1949—2001年玉龙县社区居民人口规模的变化（见图4-6），拟合多项式预测公式，可推知2005年、2010年与2015年玉龙县社区居民规模分别为：371 706、389 940与408 042人。

由此推知2005、2010与2015年玉龙县的生态足迹分别为：573 690.63、805 069.54和1 167 204.3hm²。

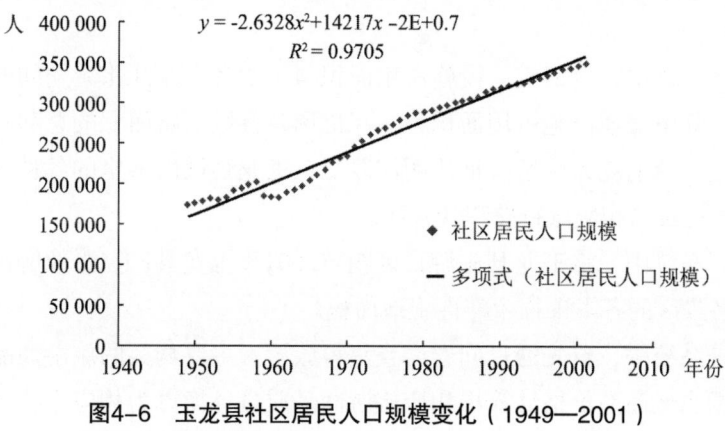

图4-6 玉龙县社区居民人口规模变化（1949—2001）

（二）旅游者生态足迹变化的预测

1. 玉龙县2001年旅游者生态足迹

旅游生态足迹的数据来源包括：2001年玉龙县社会经济统计资料、旅游者生态消费调查问卷等。其中旅游者生态消费调查问卷为研究组于2001年7月在丽江古城发放，问卷总数530份，回收有效问卷527份。问卷调查内容包括旅游者在玉龙县的停留时间、旅游者从客源地抵达玉龙县以及在玉龙县旅游期间的主要交通方式等。旅游生态足迹各子系统的统计内容、对应生物生产性土地与数据来源见表4-5。

表4-5 玉龙县旅游生态足迹子系统计算

子系统	统计内容	生物生产性土地	数据来源
餐饮	粮食、肉类、蔬菜、水果等	耕地、草地、水域、林地等	类比法等
住宿	居住用地和能源消耗	水域、化石燃料用地、建筑用地等	数据统计等
交通	交通设施和交通能源消耗	化石燃料用地、建筑用地等	问卷调查、数据统计等
游览	旅游景区（点）	耕地、草地、水域、林地、建筑用地等	ETM影像、旅游景区图等
购物	旅游商品及其能源消耗	耕地、草地、水域、林地、化石燃料用地、建筑用地等	类比法、问卷调查、数据统计等

在餐饮子系统中，考虑到旅游者倾向于选择旅游地特色食品的特点，参考社区居民每日人均的蔬菜、水果、禽蛋等消费量。

在住宿子系统中，统计玉龙县不同等级宾馆、客栈床位数，换算相应的建筑面积和能源消耗。

在交通子系统中，分为交通设施占用面积与旅游者在丽江旅游期间的交通能源消耗两部分。其中交通设施占用面积为丽江机场与各级道路面积的总和乘以旅游者利用率，交通能源消耗为旅游者抵达丽江以及在玉龙县域内乘坐的各种交通工具人均单位距离能耗量与相应旅行路程的乘积。

在游览子系统中，将玉龙县旅游景区图与2001年玉龙县ETM影像解译结果进行叠加，获得各景区的各类生物生产性土地面积。

在购物子系统中，首先通过问卷调查获得旅游者主要购买的旅游商品类型及消费金额，根据当地商品价格计算出相应旅游商品质量，换算为相应生物生产性土地面积，其次根据玉龙县单位生物生产性土地面积的能源消耗，换算出旅游商品的生产能耗。

根据计算，玉龙县2001年旅游生态足迹为387 832.90 hm^2。从旅游生态足迹子系统构成分析图（图4-7）中可以看出，玉龙县的旅游生态足迹中以交通子系统和购物子系统的贡献率最大，游览子系统和餐饮子系统的贡献率较小，而住宿子系统几乎可以忽略不计，因此可以认为交通和购物是影响旅游生态足迹的决定性因素。

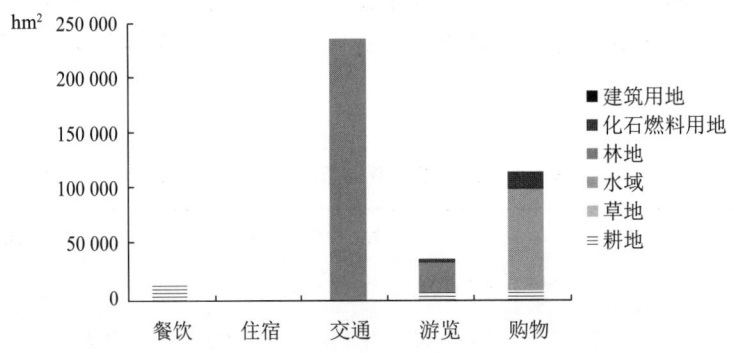

图4-7　玉龙县2001年旅游生态足迹子系统构成分析

2. 玉龙县旅游者生态足迹预测

根据相关研究成果：①人均旅游生态足迹与旅游者规模并不一定呈正相关关系；②影响人均旅游生态足迹的因素主要有旅游者的消费水平和结构、旅游者的空间行为和旅游目的地的利用与经营发展水平等因素（曹辉等，2007）。由于旅游需求与方式复杂多变，同时旅游业发展外部条件较难预测，因此本研究在相关研究成果的基础上，对玉龙县旅游者生态足迹进行预测。根据孟繁斌（2006）的研究成果，旅游业发展相对成熟的景区或区域，旅游者人均生态足迹的年增长率约为10%~15%。依据上述计算结果，2001年玉龙县旅游者生态足迹为387 832.90 hm^2，人均旅游者生态足迹为0.13 hm^2。取年增长率为12%，则人均旅游者生态足迹的增长如表4-6所示。

表4-6　玉龙县旅游者生态足迹变化预测

年份	人均旅游者生态足迹（hm^2）	旅游者规模（万人次）	旅游者生态足迹（hm^2）
2001	0.13	290.00	387 832.90
2005	0.20	425.82	871 044.57
2010	0.36	603.51	2 175 651.02
2015	0.64	781.20	4 963 148.76

在总体分析和预测的基础上，研究运用趋势预测方法预测玉龙县客源市场的变化。根据1994—2001年玉龙县客源市场规模的变化，可以看出1994年以来玉龙县接待的旅游者人数基本上呈现线性变化趋势特征（见图4-8）。因此采用线性回归对玉龙县客源市场的变化进行预测，预测结果如表4-6所示。

结合玉龙县旅游者人均生态足迹与旅游者规模的变化趋势，对玉龙县未来的旅游者生态足迹变化进行分析。从表4-6中可见，2005年旅游者生态足迹将增长至871 044.57 hm^2，2010年2 175 651.02 hm^2，2015年将增长至4 963 148.76 hm^2。

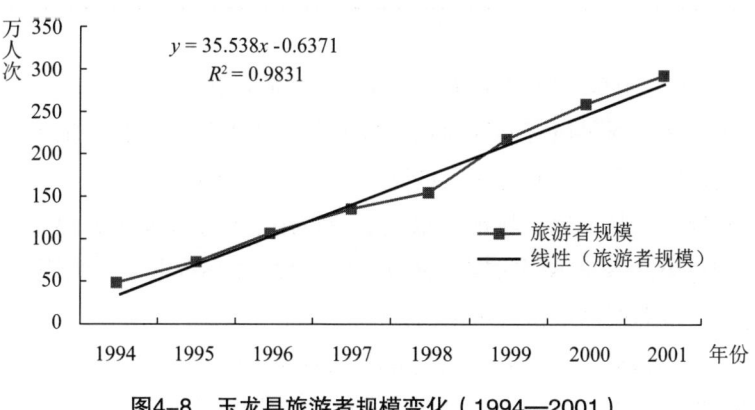

图4-8　玉龙县旅游者规模变化（1994—2001）

(三)生态承载力变化的预测

1. 玉龙县1988—2001年土地利用类型的变化

研究的土地利用/土地覆被分类数据主要来源于1988年、1996年和2001年三期同一时相Landsat TM数字影像。影像经过几何纠正选择、坐标变换和增强处理后,确立解译标志和解译精度,利用ERDAS软件,采用监督分类和目视修正相结合的方法进行解译,通过野外调绘、核实,并结合玉龙县1993年土地利用图(1∶100 000)、玉龙县1995年土地利用图(1∶250 000)、玉龙县1996年DEM(1∶250 000)、1999年玉龙县交通图,以及实地调查和社会经济相关资料,对解译结果进行修正。

生态系统类型的划分根据研究区土地利用/土地覆被的现状分为:冰雪区、林地、灌丛草地、耕地、水域、建筑用地与未利用地。1988、1996、2001年玉龙县土地利用变化总体特征见表4-7。

表4-7 1988、1996、2001年玉龙县土地利用变化总体特征

	1988年(km^2)	1996年(km^2)	2001年(km^2)
冰雪区	26.963 86	26.530 62	25.736 27
林地	5148.904	5163.672	5195.239
灌丛草地	904.3064	905.9299	926.92
耕地	1227.873	1220.729	1097.701
水域	37.0768	35.701 68	31.977 87
城建用地	87.9979	121.4441	135.504
未利用地	214.8784	173.9924	234.9212

2. 玉龙县1988、1996、2001年生态承载力变化的规律

运用比较方法,通过研究不同时段玉龙县生物生产性土地类型的变化趋势,以期为玉龙县生物生产性土地类型变化趋势的预测奠定基础。

其中,林地、灌丛草地、耕地、水域、建筑用地与生态足迹模型中的生物生产性土地类型相对应。基于不同时期土地分类图,建立GIS数据库,利用ArcView软件分析不同时期土地类型之间相互转化的特征。

分析玉龙县探索参与(1988—1996年)和发展巩固(1996—2001年)两个阶段的土地利用转移矩阵(见表4-8、表4-9),可以得出以下结论。

表4-8 探索参与阶段(1988—1996年)玉龙县土地利用转移矩阵

单位:%

	冰雪区	林地	灌丛草地	耕地	水域	城建用地	未利用地
冰雪区	94.932	0.000	0.000	0.000	0.000	0.000	5.068
林地	0.000	86.410	5.342	7.262	0.041	0.682	0.263
灌丛草地	0.000	49.338	38.765	8.432	0.050	0.676	2.739
耕地	0.000	16.812	18.387	59.544	0.433	3.542	1.281
水域	0.000	1.821	7.708	6.513	67.441	10.658	5.860
城建用地	0.000	19.887	10.100	35.430	1.243	32.478	0.861
未利用地	0.434	20.341	19.924	2.733	0.789	1.942	53.834

注:在表中,行表示的是k时期的土地利用类型转变为$k+1$时期各种类型的面积比例(下表同)。

表4-9 发展巩固阶段(1996—2001年)玉龙县土地利用转移矩阵

单位:%

	冰雪区	林地	灌丛草地	耕地	水域	城建用地	未利用地
冰雪区	91.652	0.000	0.000	0.000	0.000	0.000	8.348
林地	0.000	87.636	6.555	4.276	0.011	0.397	1.125
灌丛草地	0.000	25.350	49.796	16.967	0.249	3.064	4.574
耕地	0.000	32.489	7.831	55.368	0.194	3.993	0.124
水域	0.000	6.886	1.662	12.700	65.471	3.200	10.081
城建用地	0.000	20.864	13.311	31.073	2.002	29.598	3.152
未利用地	0.817	9.190	14.338	2.865	0.584	0.810	71.397

①冰雪区在发展巩固阶段变化相对较明显,主要向冰雪区边缘以流石滩为主的未利用地转化。②林地在探索参与阶段主要向耕地转化,而在发展巩固阶段在封山育林等措施的保障下,该趋势得到有效控制。③灌丛草地在探索参与阶段主要转化为林地,而在发展巩固阶段向耕地转化的比重上升。④在发展巩固阶段,向林地和灌丛草地的转化成为耕地变化的主要趋势,转化为城建用地的比例也有所提升。⑤水域在探索参与阶段主要向城建用地和耕地转化,玉龙县破碎的地形使得适合耕

作和建设的用地有限，在人口增长和社会经济发展的压力下，耕作条件和建设条件较好的水域被转化为耕地和城建用地成为必然。到发展巩固阶段，水域的保护得到重视，转化趋势得到有效控制。⑥在发展巩固阶段，城建用地向林地、灌丛草地和耕地转化成为主要方向，说明该阶段闲置城建用地的再利用得到了一定程度的重视。⑦未利用地主要转化为林地、耕地，这是当地积极推行天然林保护与人工植树造林工作的结果。

3. 玉龙县生态承载力预测

以1996—2001年玉龙县土地类型转移为依据，推断2005、2010以及2015年土地类型的变化趋势如表4-10所示。

表4-10　2005、2010、2015年玉龙县土地利用类型变化预测

单位：km^2

年份	冰雪区	林地	灌丛草地	耕地	水域	城建用地	未利用地
2005	25.51	5196.57	940.33	1040.09	30.03	135.89	279.57
2010	25.66	5186.47	949.00	1011.68	28.94	134.42	311.81
2015	26.07	5173.16	954.84	997.31	28.36	133.30	334.93

之后，采用均衡因子处理各类型生物生产性土地面积，均衡因子根据相应生物生产能力制定，并扣除12%的生物多样性保护面积，计算得到研究区2005、2010与2015年的生态承载力分别为1 055 454、1 050 912与1 048 095 hm^2（见表4-11）。

表4-11　2005、2010、2015年玉龙县生态承载力

单位：hm^2

	林地	灌丛草地	耕地	水域	城建用地	总生态承载力
均衡因子	1.20	3.29	2.24	1.00	2.24	—
2005	519 657	94 033	104 009	3003	13 589	1 055 454
2010	518 647	94 900	101 168	2895	13 442	1 050 912
2015	517 316	95 484	99 731	2836	13 330	1 048 095

（四）功能关系结构变化的预测

将2005、2010和2015年这三个年份的社区居民生态足迹、旅游生态足迹与生态

承载力相比较，可分析出玉龙县的可持续发展状态变化。

如表4-12所示，玉龙县2005年旅游景观生态系统的协调性较强。即社区居民与旅游者所构成的人类社会生态需求超过了自然环境的供给能力，但社区居民与旅游者的需求均小于自然环境的供给能力。通过适当引导与调整，可降低人类系统的生态需求，或提升自然环境的生态承载能力，从而使整个系统回复协调状态。

表4-12　玉龙县2005、2010、2015年旅游景观生态系统功能关系结构评价

单位：hm^2

年份	2005	2010	2015
社区居民生态足迹	573 690.63	805 069.5	1 167 204
旅游者生态足迹	871 044.57	2 175 651	4 963 149
人类社会总生态足迹	1 444 735.2	2 980 721	6 130 353
生态承载力	1 055 454	1 050 912	1 048 095

2010年玉龙县人类社会生态需求远远超过自然环境的生态供给，但超出部分主要来自旅游者的生态需求，社区居民的生态需求处在自然环境供给能力之内。这说明旅游业的发展强度已经超过自然环境的供给能力，自然环境美学、生态功能的发挥受到制约。在这种情形下，须大幅缩减旅游者的生态需求，具体方式包括运用价格杠杆等方式限定旅游者容量，引导旅游者采取生态旅游的方式，调节旅游者的时空分布，通过合理的旅游功能区划分散旅游者生态压力等，以缓解自然环境的生态压力，发挥与协调系统功能。

2015年玉龙县人类社会的生态需求已极大地高出自然环境的生态供给，如果不采取适当措施改善系统内部的功能结构，玉龙县将强烈依赖行政边界之外的生态系统来提供资源供给和生态系统服务功能，或者是大量消耗自身的自然资源以满足供给的不足。前者是将本身的生态压力转移到其他地区，以占用其他地区的资源以满足自身的发展；后者则是以损耗自身的自然资源作为发展的代价，会导致系统功能的紊乱，具体表现是自然环境的生态、美学功能逐渐丧失，旅游者感觉拥挤不堪、旅游体验大打折扣，社区居民正常的生产生活状态受到干扰。

（五）旅游地生态补偿标准的预测

研究基于玉龙县1949年至2001年共53年的生态足迹，运用逐步回归分析方法对2015年玉龙县社区居民生态足迹进行了拟合。根据相关研究进展，对2015年玉龙县旅游生态足迹进行了预测。同时，根据历史数据，对2015年玉龙县的国内生产总值

与旅游总收入进行了拟合。在此基础上，利用以机会成本核算的最低标准、以游憩功能价值核算的合理标准以及由前两者之和匡算的最高标准组成的旅游地生态补偿标准核算体系，在假定生态公益林面积不变的前提下，计算出生态补偿的最低标准为32 956万元，合理标准为127 455万元，最高标准为160 411万元。

研究表明，目前大多数生态补偿的标准研究集中于在某一区域内如何准确估算，这在当期的预测看来是具有依据的，但这些研究并没有考虑到时间效应对于机会成本、游憩功能价值、生态价值等产生的作用。尽管研究仅仅根据历史数据对生态补偿标准进行了拟合，并没有考虑微观决策与宏观的自然、经济、社会等因素，但该结果对于生态补偿机制的合理运行会发挥一定的完善作用，同时，加入时间因素对于后续的生态补偿研究也产生了一定启示。

第五章
旅游地生态补偿空间选择研究

生态补偿对象的空间选择是建立和完善生态补偿机制的核心问题，能够有助于提高生态补偿的效率与公平。研究以社区居民为补偿对象，以不同乡镇为空间单元，以单位土地的机会成本、游憩功能价值以及生态服务功能为标准载体，构建了旅游地生态补偿空间选择模型，对研究区内各空间单元的补偿标准划分进行了研究。研究结果表明：依据人均补偿标准，可将其划分为优先补偿区、次级补偿区、中等补偿区、临界补偿区与潜在补偿区5个等级，如果将优先补偿区、次级补偿区与中等补偿区作为补偿的主要区域，补偿面积覆盖总补偿区面积的51.3%，补偿人口覆盖总人口的49.8%。根据该模型科学确定旅游地区域间生态补偿的空间分配标准，能够充分体现社区居民平等的生存权、环境权和发展权，通过补偿资金的再分配解决部分没有机会或能力直接参与旅游业的社区居民在分配中获益极少的问题，促进社区居民在旅游业发展与生态保护中的参与程度。

一、问题的提出

旅游地作为涉及政府、企业、旅游者、社区居民等多个利益主体的地域综合体（刘静艳，2006），各利益主体对于旅游业发展以及生态保护的诉求各有差别。生态补偿作为一种"内在协调"方式，能够在整体上宏观调节所有相关利益主体关系与行为的基础上，达到促进旅游业持续发展与生态功能恢复治理兼顾的目的，已成为旅游业可持续发展领域关注的科学问题（蒋依依等，2013），其概念内涵（张一群等，2012；刘敏等，2013）、补偿主客体（易艳，2011；马勇等，2010）、补偿标准（Rulleau B et al，2012；Barnes J I et al，1999）、补偿模式和保障体系等（张理英等，2007；马勇等，2010）相关内容得到了不同程度的研究。

作为旅游活动过程发生的主要空间，旅游地各利益主体的相互作用具有特殊的空间特征：

首先，受旅游资源的品级差异，以及旅游业发展过程中开发程度与推广效果的不同，吸引旅游者规模及其所产生的旅游收益有较大差别。因而，社区居民参与旅游业的程度以及参与收益分配的规模存在显著的空间异质性。

其次，世居在旅游地的社区居民，以土地为最重要的生产资料（保继刚等，2012）。而旅游业是旅游地土地利用变更最主要的驱动力。改变的方式包括：①因为旅游业发展需要，原用于农牧业的耕地、林地与草地改变为建设用地等景区发展用地；②为促进旅游发展整体环境改善，将耕地转变为不再进行生产活动的林地、草地等景观用地；③作为旅游资源重要组成，原有土地利用形式得以保留，但土地价值的产生不再仅仅依靠农业产品，而是附加值更高的旅游产品，典型案例包括元阳梯田、蜀南竹海、罗平油菜花海等。除第三种情况外，社区居民都会因土地利用的改变而带来相应的机会成本，如粮食收成的减少、放弃森林砍伐或种植经济林造成收益的减少，以及所带来的部分生产工具闲置、劳动力剩余等。由于不同区域土地利用改变的方式与规模不同，社区居民因旅游业发展所产生的机会成本也存在明显的空间异质性。

最后，不同区域所承载的人类活动强度与形式不一。同时，生态系统消解人类活动生态压力的水土保持、水源涵养、气候调节、生物多样性保护等生态服务功能存在明显的空间异质性。

因此，如果简单地将旅游地作为均质化的区域加以分析，用"一刀切"的统一标准对社区居民进行生态补偿，会忽略社区居民为支持当地旅游业发展所形成的损失以及应该分享的权益的差异，进而影响部分没有机会或能力直接参与旅游业的社区居民对于旅游业发展与生态保护的支持意愿。

合理的空间选择有利于提高生态补偿项目的效率与公平（徐中民等，2008；宋晓谕等，2012），因而成为生态补偿研究中的核心问题之一。国际上对生态补偿对象的空间选择研究方法已经由单目标单准则向多目标多准则过渡（戴其文，2010；Babcock B A et al，1997）。国内部分学者已经开始了相关领域的探索（宋晓谕等，2012；戴其文，2010），但在旅游领域尚属空白。

因此，研究从社会公平的角度出发，以旅游地社区居民为补偿对象，以土地利用为载体，构建涵盖为支持旅游业发展与生态发展所造成的机会成本以及应分享的游憩功能价值与生态服务功能在内的生态补偿标准指标体系，对玉龙县不同空间单元的生态补偿标准进行等级划分，以期使目前旅游地生态补偿空间选择研究缺乏的现状得到改观，为旅游地建立公平、有效的生态补偿机制提供理论依据与实践参考。

二、研究的设计

（一）模型的构建

研究假定，每个土地单元可采取两种生产方式 a（农林牧业）与 b（旅游业）。社区居民的土地收益来自于土地利用价值的实现 $v(d, i, z)$，其中 d 为直接收益，i 为间接收益，$z = a, b$ 表示土地生产方式。若采用生产方式 a，对于社区居民而言，产生的直接收益主要来自于农林牧业收益，包括粮食的收成、森林砍伐或种植经济林，以及畜牧业初级产品等，间接收益主要来自生态服务价值，包括水土保持、水源涵养、气候调节、生物多样性保护等。若采用生产方式 b，既有放弃生产方式 a 造成的直接收益损失，又有包括基于土地与其附属物以及所承载的历史文化转化所形成的游憩功能价值，以及生态服务价值在内的间接收益。据此，研究构建旅游地社区居民人均生态补偿标准具体计算公式如下：

$$EC_i = [(O_i + V_i) / S1_i \times S2_i \times E_i] / P_i \tag{1}$$

EC_i 为社区居民人均生态补偿标准。O_i 为社区居民农林牧业的直接收益，V_i 为相关用地所产生的游憩功能价值，$S1_i$ 为社区居民农林牧业用地面积，$(O_i + V_i) / S1_i$ 表征了旅游地单位土地的直接收益。$S2_i$ 为农林牧业用地向旅游业发展所需的建设用地、景观用地、生态保护用地转变的面积。E_i 作为调节系数，表征生态服务功能对于人类活动的支撑。P_i 为社区居民人口规模。i 为不同空间单元。

（二）指标的计算

研究将每个乡镇作为研究单位，采用公式（1）对人均生态补偿标准进行估算。其中，各项指标的计算方法、数据来源与处理方式详见表5-1。

表5-1 指标计算方法、数据来源与处理

指标	指标描述	计算方法	数据来源	备注
O_i	社区居民农林牧业的直接收益	$O_i = F_i - M_i$ O_i 为社区居民农林牧业的直接收益，F_i 为农民所得总额，M_i 为外出劳务收入，i 为不同空间单元。	2011年玉龙县社会经济统计资料	
V_i	游憩功能价值	$V_i = (0.33 T/P) \times P_i$ V_i 为相关用地所产生的游憩功能价值，T 为区域旅游总收入，P 为区域总人口，P_i 为各空间单位人口数量，i 为不同空间单元。	玉龙县旅游局统计资料	在结合相关案例分析基础上（罗永常，2006；孙九霞等，2005），采用县域旅游总收入的三分之一作为玉龙县社区居民应分享的游憩功能价值。

续表

指标	指标描述	计算方法	数据来源	备注
$S1_i$	农林牧业用地面积	$S1_i = C_i + O_i$ $S1_i$ 为社区居民农林牧业用地面积，C_i 为耕地面积，O_i 为果园面积，i 为不同空间单元。	2011年玉龙县社会经济统计资料	
$S2_i$	农林牧业用地向旅游业发展转变的用地面积	$S2_i = (NC_i + NI_i) + 0.8(PC_i + PI_i)$ $S2_i$ 为农林牧业用地向旅游业发展所需的建设用地、景观用地、生态保护用地转变的面积，NC_i 为国家级生态公益林集体用地面积，NI_i 为国家级生态公益林个人用地面积。PC_i 为省级生态公益林集体用地面积，PI_i 为省级生态公益林个人用地面积。	《云南省公益林生态效益补偿之玉龙纳西族自治县实施方案（2012年修订）》	1. 考虑到生态公益林担负了整个县域生态净化与旅游景观功能，同时部分公益林是通过退耕还林措施转化而成。 2. 省级生态公益林的效用发挥以及管理要求与国家级生态公益林相比相对较弱，因此采用0.8作为调整系数进行处理。 3. 集体用地与个人用地涉及社区居民的土地使用权。
E_i	调节系数	$E_i = EF_i / \overline{\sum EF_i}$ E_i 为调节系数，EF_i 为各乡镇生态足迹。	2011年玉龙县社会经济统计资料	1. 生态足迹通过衡量满足人类生存所占用的土地资源以度量各乡镇土地所形成的生态服务功能对人类活动的支撑能力强弱。 2. 生态足迹计算公式详见参考文献（Rees W E et al, 1996；Wackemagel M et al, 1999）。 3. 通过分项统计方法，主要从生物资源、能源消耗两个方面分别统计各乡镇的生态足迹。
P_i	社区居民人口规模		2011年玉龙县社会经济统计资料	

三、空间的选择

（一）旅游地单位土地的直接收益

随着旅游业的快速发展，玉龙县旅游总收入也得以不断攀升，从2003年的17.66

亿元增长到2011年的59.89亿元。但从玉龙县社区居民的收入结构来看，农林牧业的收入依旧占据家庭经营收入的主体。以2011年的农民家庭人均总收入为例，农林牧业收入分别为2581.64元、189.99元与2260.14元，合计占总收入的78.9%，其中与旅游业相关的交通运输业、批发零售贸易餐饮业与社会服务业收入仅为295.56元，占总收入的4.6%。

玉龙县农林业用地的区域分布较为均衡，相对集中地分布于太安乡、鲁甸乡、九河乡、拉市乡、石鼓镇、巨甸镇［见图5-1（a）］。上述区域因地势相对平缓，同时远离当地旅游业发展与生态保护的核心区，承担着整个县域主要的农林业种植任务。但从玉龙县的发展实际来看，农林牧业用地与收入的空间分布并没有形成高度的空间重合。从农林牧业收入的空间分布来看，巨甸、石鼓、九河、黎明等位于玉龙县西侧乡镇的农林牧业收入相对较高，这与不同区域的立地条件相异有关［见图5-1（b）］。

从玉龙县单位土地的直接收益来看，每公顷农林业收益与旅游业收益之和处在3.7万~27.7万元区间［见图5-1（c）］。与旅游业相比，农林业的收益相对较低，从各乡镇直接收益中的农林业收益占比来看，基本在16%~29%之间，在一定程度上反映了旅游业发展对于区域经济的带动作用，也表明玉龙县破碎的地形导致了较低的农业生产能力。从图中可以看出，黄山镇的单位土地直接收益相对最高，达到27.7万元/hm²，其次为巨甸镇、石头乡、龙蟠乡与黎明乡。

（二）旅游地生态效益的发挥

国家级生态公益林在各乡镇均有分布，而权属集体与个人的省级生态公益林在石鼓镇、龙蟠乡、石头乡以及黎明乡并无分布。总体而言，生态公益林在黎明乡的分布最为集中，达到了34 541.7公顷，其余较为集中的分布地为巨甸镇、宝山乡、九河乡等，均地处玉龙县主要的林区［见图5-1（d）］。

研究采用生态足迹为调节系数，以表征各乡镇生态系统对于人类活动的支撑能力。从生态足迹的空间分异来看，石鼓镇承载的人类活动强度最大，总生态足迹达到152 267.3hm²［见图5-1（e）］。巨甸镇、黎明乡、九河乡以及鲁甸乡次之。奉科乡的生态足迹最低，为37 684.1hm²，仅为石鼓镇的24.7%。

第五章 旅游地生态补偿空间选择研究

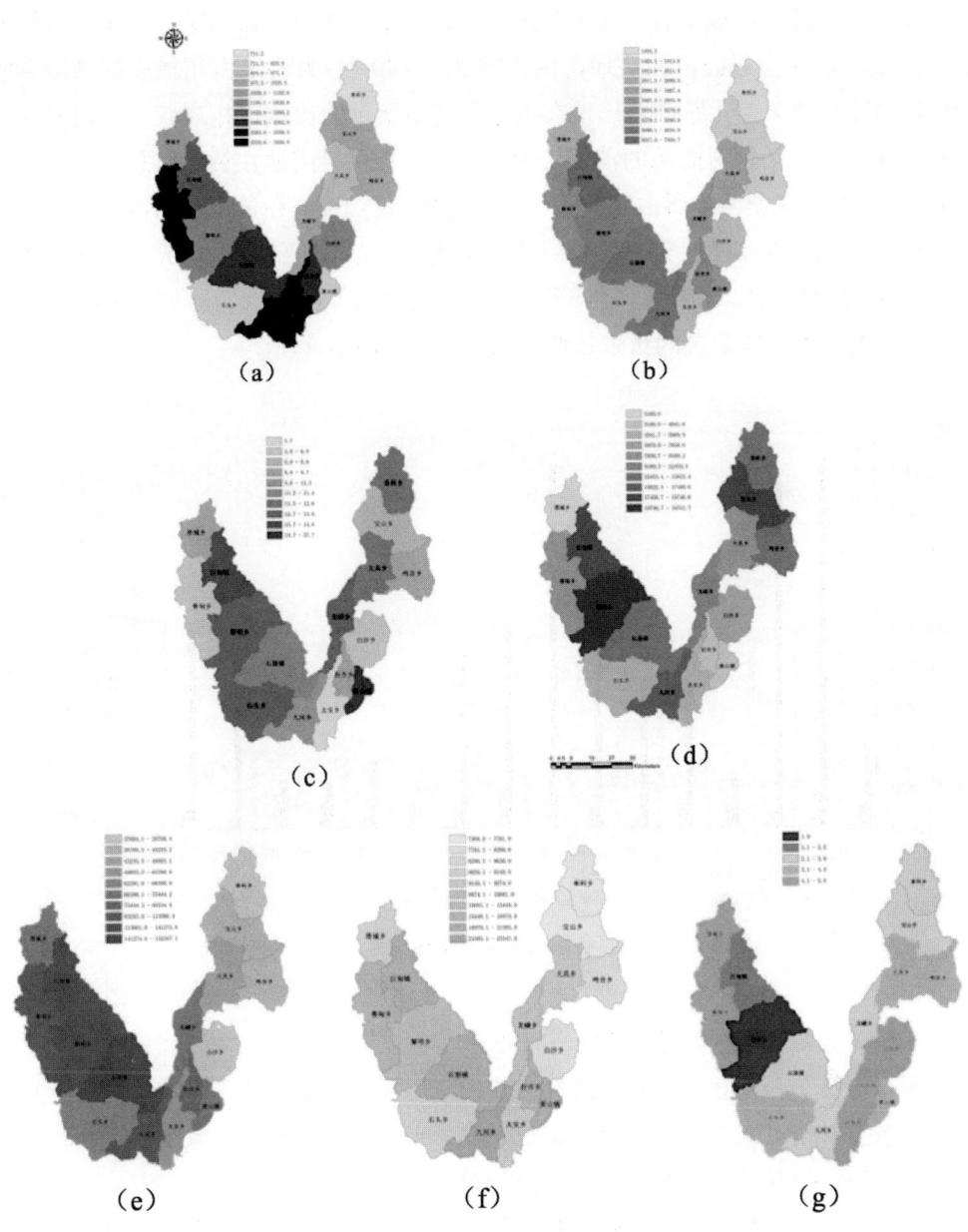

图5-1 指标和人均生态补偿标准的空间分异

a：农林业土地面积，单位：hm^2；b：农牧林业收入，单位：万元；c：单位土地直接收益，单位：万元/hm^2；d：生态公益林面积，单位：hm^2；e：生态足迹，单位：hm^2；f：人口，单位：人；g：人均生态补偿标准，单位：万元/人从生态足迹的组成来看，多以耕地为主，其中石鼓镇、巨甸镇、黎明乡对耕地的占用最为明显，石鼓镇的耕地占用为93 584.7 hm^2，为耕地占用最少的奉科乡的8.1倍（见图5-2）。化石燃料用地在生态足迹中所占的比例也相对较大，说明社区居民的生产生活活动对能源的消耗较为显著。化石燃料用地在黄山镇总生态足迹中比例达62.1%，在黎明乡所占比例最低，但也达到25.1%。在黄山、白沙、大具、奉科、鸣音、九河等乡镇，化石燃料用地已经成为生态足迹的最大组成。草地对各乡镇生态足迹的贡献差异不大，除奉科乡达到20.9%以外，最低的巨甸镇仅有2.4%。而水域与林地对生态足迹的贡献较低，几乎可以忽略不计。

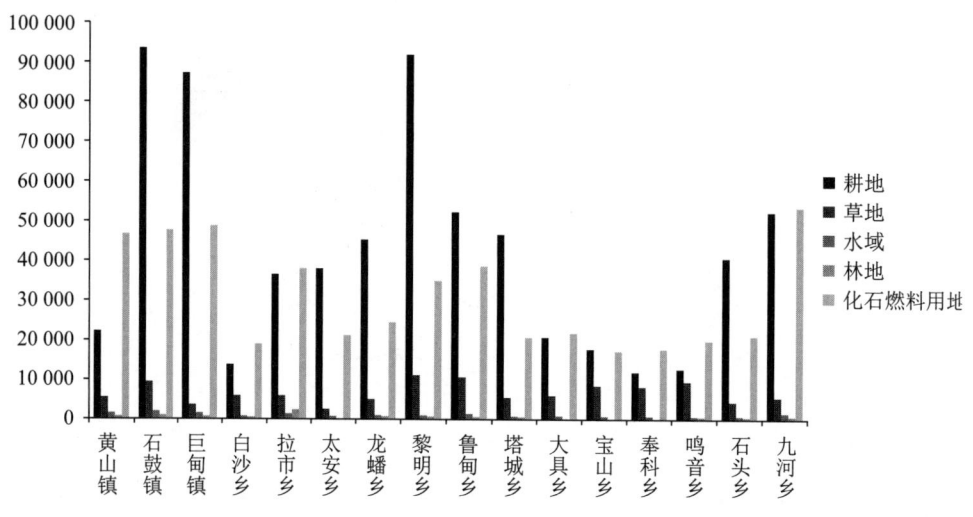

图5-2 玉龙县各乡镇生态足迹生物生产性土地构成

（三）旅游地生态补偿标准的空间分异

根据计算，玉龙县生态补偿总额达到2 736 283.7万元，是《云南省国家级公益林生态效益补偿玉龙纳西族自治县实施方案（2011年修订）》中每年各级财政拨付给玉龙县的2590万元生态效益补偿基金的1056.5倍。

利用SPSS17.0对人均补偿标准进行层次聚类分析，将研究区不同空间单元分为5个等级［图5-1（g）］：优先补偿区、次级补偿区、中等补偿区、临界补偿区与潜在补偿区。优先补偿区为黎明乡，人均补偿标准为49.6万元；次级补偿区为巨甸镇，人均补偿标准为23.5万元；中等补偿区为石鼓镇、龙蟠乡、宝山乡、奉科乡、九河乡，人均补偿标准处在11.4万~15.8万元；临界补偿区为黄山镇、大具乡、鸣音乡、石头乡，人均补偿标准处在6.2万~8.9万元；潜在补偿区为白沙乡、拉市乡、太安乡、鲁甸乡、塔城乡，人均补偿标准在1.7万~4.5万元之间。

如补偿资金充足，所有区域都应该得到补偿。但事实上，由于我国目前实施的是以政府为补偿主体，以中央财政转移支付为主要资金来源的生态补偿体制（余璐等，2010），决定了生态补偿资金的相对有限，因此，在补偿预算约束的前提下，应按照从优先到潜在补偿区的顺序依次补偿。

如果将优先补偿区、次级补偿区与中等补偿区作为补偿的主要对象，则补偿面积达334 527.3hm²，占总补偿区面积的51.3%。补偿乡镇数量为7个，补偿人口为433 170人，占总人口的49.8%。无论从补偿面积抑或补偿人口而言，基本上覆盖了玉龙县半数的区域与人口。

（四）各类补偿区的特征

处于优先补偿区的黎明乡是世界自然遗产三江并流的腹地，社会经济发展较落后，但自然资源保持完好。高达76.2%的森林覆盖率，以及境内近万余公顷的原始森林高山箭竹林，为整个玉龙县的生态保护与景观营造做出了较大贡献。黎明乡以传统农业为主要经济生产方式，但山区土地耕作价值不高、环境闭塞，劳动力受教育程度低。同时受保护限制以及配套设施水平较差制约，旅游业发展滞后，每年接待旅游者量仅为数万人次，属于典型的少数民族特困乡。近年来国家实行退耕还林后，人地矛盾日益突出，村民们急需找到新的收入来源来代替传统的经济活动（王荣红，2011）。

处于次级补偿区的巨甸镇同样属于三江并流景区，是一个集干热河谷坝区、山区、半山区为一体的农业镇，社区居民以种植小麦、玉米、烤烟、药材等为主要收入来源。由于缺乏代表性的景区，巨甸镇在玉龙县旅游业发展格局中并不突出。巨甸镇属集体与个人所有的生态公益林面积达19 746.6hm²，在玉龙县各乡镇中面积仅次于黎明乡的34 541.7hm²，占生态公益林总面积的9.8%。同时，社区居民相关活动对生态系统的生态压力也较为显著。

处于中等补偿区的石鼓镇、龙蟠乡、宝山乡、奉科乡、九河乡位于玉龙县中部与东北地区。石鼓镇拥有著名景区长江第一湾，但每年接待旅游者量仅十万人次，配套设施匮乏使长江第一湾仅作为一个观光型景区，旅游者消费有限，对当地经济发展贡献并不明显，而石鼓镇社会居民所占用的人均生态足迹在各乡镇中最高。龙蟠乡所属的虎跳峡景区发展情况与长江第一湾相类似，旅游者活动以观光为主，乡域内12 453.2hm²的生态公益林表明龙蟠乡承担了较为重要的生态功能。宝山乡与奉科乡都缺乏具有吸引力的旅游资源。宝山乡的生态公益林面积19 552.7hm²，位居各乡镇第3位。地形破碎的奉科乡极度缺乏种植业用地，社区居民从农林业中获得收益非常有限，同时还拥有较高的生态公益林面积（15 822.3hm²）。九河乡人口密度相对较大，生态公益林面积较大，生态系统所发挥的生态价值相应较高。

临界补偿区为黄山镇、大具乡、鸣音乡、石头乡，分别位于玉龙县的东南、西南与东北部。黄山镇是玉龙县县城，距丽江古城2公里的空间距离，以及本身所拥有的纳西民居、文笔海等资源，使旅游者较为集中，社区居民从旅游业发展中受益较多，2011年农民人均收入为6793元，为全县最高。大具乡为玉龙雪山景区所在地，同时拥有甘海子、牦牛坪等景区，2011年吸引旅游者规模达279.8万人次，包括甲子社区在内的多数社区居民能够参与旅游业发展。鸣音乡生态公益林面积达15 519.3hm²，但人口密度较低，人类活动对生态系统的压力并不显著。石头乡森林覆盖率71%，虽为玉龙县林地面积最大的乡镇，但其中属于集体与个人所有的生态公益林面积仅为5969.9hm²，在玉龙县16个乡镇中位列后4位。

潜在补偿区为白沙乡、拉市乡、太安乡、鲁甸乡、塔城乡。白沙乡土地贫瘠、气候寒冷，农作物产量较低，但该乡通过组建旅游开发合作社等方式，使全乡常年参与旅游业的人数超过数千人，白沙古街、玉龙村、玉湖村等部分家庭已经不再从事农业生产。拉市乡所拥有的拉市海高原湿地是云南省第一个省级高原湿地自然保护区，作为金沙江水系的重要组成部分提供了重要的生态功能，同时以生态旅游为载体也衍生了突出的游憩功能价值，2011年拉市乡近300户约1.2万人参与到旅游服务项目经营中，年户均收入增加超过30 000元。太安乡境内生态公益林面积相对较小，旅游业发展也较为滞后，以马铃薯、秋油菜种植为主要经济来源。鲁甸乡地处老君山腹地，但集体与个人生态公益林的面积并不突出。塔城乡位于玉龙县西北角，尽管拥有塔城古铁桥遗址与民俗文化村等旅游资源，但旅游业发展非常滞后，干热河谷坝区为主的地貌使塔城乡的生态公益林在各乡镇中面积最低（3168.8hm²）。

四、结论与讨论

本文以社区居民为补偿对象，以不同乡镇为空间单元，以单位土地的机会成本、游憩功能价值以及生态服务功能为标准载体，构建了旅游地生态补偿空间选择模型，对研究区内各空间单元的补偿标准划分进行了研究。研究结果表明：各空间单元人均补偿标准存在明显的空间异质性；依据人均补偿标准，可将其划分为优先补偿区、次级补偿区、中等补偿区、临界补偿区与潜在补偿区5个等级；如果将优先补偿区、次级补偿区与中等补偿区作为补偿的主要对象，补偿面积占总补偿区面积的51.3%，补偿人口占总人口的49.8%。

从国内外已有的生态补偿实施案例来看，政府都是主要的生态补偿主体和生态补偿资金承担者。但是，我国经济发展水平所处的阶段和生态补偿实施的现状，又使得政府尚未确保有充足资金对所有补偿客体进行完全补偿。在这样的背景下，通过空间选择研究，对不同条件的区域进行分级选择，能够充分提高资金的使用效率。玉龙县的案例研究表明，可以根据优先补偿区、次级补偿区、中等补偿区、临界补偿区与潜在补偿区次序选择补偿范围。在资金有限的情况下，能够使资金的生态效用最大化。

从计算过程可以看出，旅游地生态补偿的空间选择是从社会公平的角度出发，将社区居民为支持当地旅游业发展所造成的损失以及应该分享的权益，通过生态补偿标准加以定量化和显性化。因此，通过上述方法计算区域间的不同标准并安排不同的空间分配顺序，体现了区域间平等的发展权，能够有效避免具体工作中，在将旅游地作为空间均质的假设条件下制定生态补偿政策，从而促进区域间的平衡与持续发展，特别是在一定程度上解决了部分没有机会或能力直接参与旅游业的社区居民在分配中获益极少的问题。同时，也可以通过计算模型不同因子得分的对比分析，找到不同区域在机会成本、游憩功能价值以及生态服务功能方面的优势与不足，从而为生态补偿政策的差异化和有针对性地制定提供可供参考的科学依据。

研究仅对区域间生态补偿标准的制定以及在此基础上的空间选择进行了初步探讨，对于指标体系的完善、旅游地生态补偿机制的构建等方面内容，还有待在以后的研究中进一步讨论。

第六章
旅游地生态补偿机制研究

一、对旅游生态补偿若干问题的思考[①]

近年来，生态补偿问题得到国家高度重视。2006年，国家经济社会发展"十一五"规划中正式提出"按照谁开发谁保护、谁受益谁补偿的原则，建立生态补偿机制"。2007年8月，国家环境保护总局发布了《关于开展生态补偿试点工作的指导意见》，在意见中进一步对生态补偿机制的建立问题进行了明确。继党的十八大把生态文明建设纳入中国特色社会主义事业"五位一体"总体布局之后，最近召开的十八届三中全会进一步提出：建设生态文明，必须建立系统完整的生态文明制度体系，用制度保护生态环境。要健全自然资源资产产权制度和用途管制制度，划定生态保护红线，实行资源有偿使用制度和生态补偿制度，改革生态环境保护管理体制。在上述背景下，我国关于旅游生态补偿机制的研究也逐渐兴起，我们曾从旅游生态补偿的概念内涵、补偿主客体、补偿标准、补偿模式和保障体系等多方面进行了梳理（蒋依依等，2013），在梳理过程中我们发现关于旅游生态补偿，研究者还存在许多模糊的认识，有进一步讨论的必要。

（一）辩证分析旅游发展对生态环境的影响

辩证分析旅游发展对生态环境的影响是建立旅游生态补偿机制的前提，只有全面、客观地理解旅游发展对生态环境的影响，才能准确地把握旅游生态补偿的独特性，而不至于产生由于简单套用一般生态补偿理论带来的误解。

旅游业由于其产业特性，和生态文明建设具有天然的紧密联系。从总体上说，旅游业是环境友好型和资源节约型产业，亲近自然是人们进行旅游活动的重要动机，人们从对自然的观光和体验中获得愉悦、提升身心健康，一般并不需要对资源环境进行消耗性的利用。在很长时间内，旅游业甚至被誉为"无烟产业"。但随着旅游业的深入发展，人们逐渐认识到，如果旅游开发经营不当或者旅游者采取不

[①] 宋子千，蒋依依. 对旅游生态补偿机制若干问题的思考 // 中国旅游研究院. 中国旅游评论：政策专辑. 北京：旅游教育出版社，2014：65-72.

文明的旅游方式，也可能对旅游地的资源环境造成损害。近年有学者进行了一些研究，如：李鹏和杨桂华（2007）指出某些形式的旅游是对自然资源高需求和高消耗的活动；李亚娟等（2010）提到，随着旅游业的快速发展，越来越多的旅游目的地，特别是以自然资源为依托的目的地，已经产生了严重的生态环境问题；熊国保等（2012）认为，我国自然环境复杂，区域地质旅游资源开发与保护程度不同，各区域间经济社会发展差距明显，局部地区生态环境问题突出，迫切需要加大对地质旅游开发中资源和生态环境保护的力度；杨桂华和张一群（2012）强调，旅游活动对生态环境造成了很大的破坏，生态补偿已经成为我国国家层面的重大问题。应该说，认识到旅游业对生态环境的负面影响是一种进步，但是在研究旅游生态补偿机制时不能只看到这种负面影响，还应该看到旅游业对生态环境的正面影响，只有这样才能合理地确定生态补偿的方向和标准，不至于误导决策。概括起来，旅游发展对于生态文明建设的积极作用至少有以下方面：

一是旅游发展有利于为生态保护和地方发展提供资金。旅游发展能够以较小的生态环境成本获得较大的旅游收入，在改善社区居民生活的同时也能为生态保护和地方发展提供资金。特别是对于一些生态敏感区域，旅游业往往是比较优势产业，有利于为这些区域的发展提供新的途径。根据我国主体功能区规划，有一些区域是限制开发、禁止开发的区域，在这些地区不适合发展工业，但是这些地区可能有很好的旅游资源，因此可以发展旅游业。现代的旅游资源不一定是名山大川或名胜古迹，随着休闲度假的兴起，良好的生态环境就足以构成很好的旅游资源。

二是旅游发展有利于提高公众生态意识。对于旅游者来说，旅游活动意味着在现场参与中自觉接受生态教育。这种以旅游的方式进行生态教育的方法，最大的优点就是此种教育不是条文式、灌输式的教育，而是让人们在旅游过程中潜移默化地感受到大自然的美丽和神奇，并自觉认识到保护生态环境的重要意义。对于社区居民来说，由于能够在旅游发展中获得一定收入，因而能够使他们真正认识到绿水青山就是金山银山，从而对社区居民出于经济目的而破坏生态环境的行为有一定抑制作用。

三是旅游发展也有利于传播地方在生态环境保护方面的良好形象。特别是从国家层面来看，传播在生态环境保护方面的负责任大国形象尤为重要。据国际生态旅游协会估计，目前生态旅游以每年10%~12%的速度增长（钟林生等，2011）。让更多的国际旅游者到中国来进行生态旅游，让他们切身感受中国为生态文明做出的种种努力，是传播我国国家形象新的有效途径。

（二）重新审视旅游生态补偿标准的确立思路

补偿标准是旅游生态补偿机制的核心问题，它不仅直接关系到补偿的力度和效果，而且其确定的逻辑实际上蕴含了对旅游生态补偿的理解，并且会影响到旅游生态补偿主客体的确定以及补偿的实现。

目前关于旅游生态补偿标准的确定主要有4种思路，分别从旅游资源价值、机会成本、生态保护成本、支付意愿等不同方面来确定（蒋依依等，2013）。其中旅游资源价值是指生态环境作为旅游资源体现的价值，是生态系统服务价值在旅游活动中的体现；机会成本是指由于发展旅游业而放弃原有产业或不能发展其他产业的机会损失；生态保护成本是指实施生态环境的保护管理所需要的人、财、物力，是实施生态保护行为的直接成本；支付意愿是指为维护和提升目的地旅游资源质量，旅游者愿意进行的潜在付出。

《关于开展生态补偿试点工作的指导意见》指出，生态补偿机制是以保护生态环境、促进人与自然和谐为目的，根据生态系统服务价值、生态保护成本、发展机会成本，综合运用行政和市场手段，调整生态环境保护和建设相关各方之间利益关系的环境经济政策。由于支付意愿从本质上说也是旅游资源价值的一种评估方法，是生态系统服务价值的组成部分，可以看出，上面关于确立旅游生态补偿标准的4种思路，对应的就是《关于开展生态补偿试点工作的指导意见》中提到的生态补偿机制的3个依据：生态系统服务价值、生态保护成本、发展机会成本。

对于一个区域来说，生态保护成本、发展机会成本是该区域实施生态保护行为带来的成本，而生态系统服务价值则是实施生态保护行为带来的效益。由于成本由该区域承担，而效益却不限于该区域，因此区域之外的受益方应该对该区域进行补偿。补偿最高的限度当然是外部受益方的全部受益，如果不考虑本区域因生态保护的受益，则最低限度是生态保护成本和发展机会成本之和。从经济学的角度讲，只有当收益超过成本时，这种生态保护行为才是有效率的。

当我们考虑到旅游业的发展时，其生态补偿问题就要复杂得多。

我们不妨做一个思维实验。假设一片森林要实施严格的保护管理，每年维护成本是X_0，发展机会成本是Y_0，产生的溢出生态效益是Z_0，则外部受益方应支付森林的权益方（X_0+Y_0）和Z_0之间某个数额的补偿，设为A_0。在补偿之后，森林的权益方得到了生态保护的正常回报，外部受益方保持不小于0的受益，因而这种保护管理是符合帕累托最优改善的。现在决定发展旅游业，由于旅游开发经营和旅游活动会对生态环境造成一定影响，维护成本会上升，设为X_1；产生的溢出生态效益会下降，设为Z_1；发展机会成本维持Y_0不变。由于外部受益方受益减少，现在它愿意支付的补偿减少到A_1，$A_1 \leq A_0-(Z_0-Z_1)$。按照帕累托最优改善标准，旅游发展的受益方至少要支付给森林的权益方（A_0-A_1）+（X_1-X_0）的补偿，最高限度则不能超出旅游发展受益方的全部净收益。

通过上述思维实验容易看出，简单地从旅游资源价值、机会成本、生态保护成本、支付意愿等方面来确定旅游生态补偿标准是有问题的。首先，旅游资源价值和支付意愿不是旅游发展受益方的净收益，因为旅游开发经营需要大量的成本，只有将旅游收入减去这些成本之后才是净收益，特别是支付意愿只是潜在的付出，只具有理论上的参考意义，并不构成旅游发展的现实受益；其次，生态保护成本和发展机会成本不是全部应该由旅游发展受益方来承担的，旅游发展受益方并不是生态保护受益者的全部，其他生态保护的受益方同样应该分担生态保护成本和发展机会成本。

（三）区分两个层面的旅游生态补偿

现在很多研究者之所以提出以生态保护成本和发展机会成本作为旅游生态补偿的最低标准，是由于在加入了旅游发展变量之后忽略了其他生态保护的利益相关者所致。为加深理解，我们可以换一个角度进行分析。在一个工业污染很严重的区域，现在改为发展旅游业，收入减少了但是生态环境变好了，这个时候当然应该是由生态环境变好的外部受益方来补偿该区域，用于作为该区域发展旅游业而不是工业带来的经济损失的补偿。正如《关于开展生态补偿试点工作的指导意见》提到的，旅游业实际上是一种替代性产业。相对于一般的工业生产，旅游发展带来的生态环境破坏较少；而相对于严格的保护管理，旅游发展又能带来就业、收入等发展机会，因而在很多情况下旅游发展是区域发展和生态保护平衡下的一种次优选择。

我们在西双版纳进行调查时，当地官员就介绍，西双版纳其实蕴藏有丰富的矿产资源，但是由于要保护生态环境，当地政府和人民自觉抵制了开发矿产的诱惑，坚持以旅游业作为支柱产业，虽然获得的经济收入要少一些，但是保住了青山绿水。西双版纳的生态环境保护不仅对地区本身有益，而且能够在更大范围内发挥作用，是国家的生态屏障。这种情况下就应该由更大范围的地区乃至国家给予一定的生态补偿，而不是说只用旅游业发展带来的收入来补偿。旅游资源富集区同时也是矿产富集区的地方有很多，比如有"天然画屏"之称的张家界天门山，也有贮藏量十分丰富的镍钼矿资源，当地围绕是开发矿产还是发展旅游一直有着很激烈的争议。看上去是因为发展旅游业导致矿产资源不能开发，带来了机会成本，这个成本应该由旅游业来支付，但更深入思考后，我们就会发现，这一机会成本不仅不应该是旅游业应该支付的成本，反而应该是区域发展旅游业应获得的补偿。这是因为从区域发展来看，本来可以获得更高的收入，现在因为要保护生态环境只能发展旅游业，因而收入降低了，自然应该由生态环境保护的受益方来进行补偿。

在以上分析中还没有考虑到旅游业发展对提高国民生态意识、传播国家良好形象等方面的作用，如果考虑到这些因素，则一个区域发展旅游业还应该得到更多的补偿。

我们可以将由于旅游发展带来的对区域整体的生态补偿称为区域间的旅游生态补偿，这和在区域内部由于旅游发展引致的生态利益关系的调整是两个不同层面的旅游生态补偿，后者也可以称为区域内的旅游生态补偿。从前面的思维实验中可以得知，区域内的旅游生态补偿应建立在区域间的旅游生态补偿基础上，旅游发展的受益方支付给生态保护区域的权益方最低补偿标准为$(A_0 - A_1) + (X_1 - X_0)$，最高标准则是旅游发展受益方的净受益。

（四）区域内旅游生态补偿的主客体和生态补偿的实现

在既有的研究中，提出的旅游生态补偿主体有旅游者、旅游企业、政府部门等，提出的补偿对象有生态系统、生态破坏受损者和生态保护者、利益受损产业等（蒋依依等，2013）。由于这些旅游生态补偿的主客体之间存在复杂的利益关系，简单地将他们并列为旅游生态补偿的主体或客体，不利于分析他们在旅游生态补偿中的真正角色，也就是究竟应该承担何种责任或享有何种权益。

一个区域发展旅游业，其典型模式可以概括为：开发经营者以资源使用费等支付给资源权益方费用，获得的是进行旅游开发经营的权利；旅游者通过门票等方式支付给开发经营者费用，获得的是进行旅游活动的权利。在上面两组交换关系中，正常的情况下应该是双方都能从交换中获益，不存在哪方受损的问题，因此也就不存在谁补偿谁。那么，现在为什么要提出区域内的旅游生态补偿问题呢？这是由于在过去的旅游发展中往往只从经济方面的成本效益来考虑，而忽视了旅游发展对生态环境的影响，从而有可能导致资源的扭曲配置。现在提出旅游生态补偿机制，则是意图将生态环境方面的成本效益也纳入到资源配置机制当中。

在上面这个典型的旅游发展模式中，由于考虑到旅游发展对生态环境的影响，则资源权益方可能要求旅游开发经营者支付更高的资源使用费，增加的资源使用费就是旅游发展提供的生态补偿；而旅游开发经营者为了弥补自身增加的成本很可能提高门票等产品价格，旅游者因此也会增加一些支付，注意，这个增加的支付只是构成旅游生态补偿的来源，本身并不是旅游生态补偿。在旅游开发经营者市场势力较大的情况下，其增加的成本可能完全转嫁到旅游者身上，则虽然旅游生态补偿在形式上由开发经营商支付，但实质上却是完全来自于旅游者的支付。由此可以看出，旅游生态补偿的真正主体主要是旅游者，而不是旅游企业。

以上是一个简化的旅游生态补偿模式，并没有考虑到生态环境的外部性问题。

由于生态环境具有很强的外部性，资源权益方从自身的成本效益出发，容易低估旅游发展对生态环境的影响，从而从区域整体来看资源配置还是存在扭曲的。在这种情况下，政府部门作为区域整体利益的代言人，就可以通过将支付给资源权益方的生态保护补贴和生态环境状况相挂钩的办法将这种外部性内化。对于资源权益方来说，在和旅游开发经营者谈判时，就会考虑到旅游发展有可能导致从政府部门获得的生态保护补贴的减少，从而索取一个更高的资源使用费。根据上面的分析，政府部门可能对生态保护者给予补贴，但这种补贴是由于整个区域能够从生态保护中获益而给予的回报，而不是因为旅游发展给予的补偿。

在上述模式中，旅游生态补偿的对象就是资源权益方。在实践中，生态环境资源一般为国家所有或社区居民集体所有，其中国家所有往往又由具体的部门或单位代行权利，因而，社区居民以及有关政府部门或单位构成了旅游生态补偿的客体。由于生态环境的外部性，资源权益方之外的利益相关者也可能受到生态环境破坏的影响，但是由于他们并不是资源权益方，他们并没有主张生态补偿的权利，如果他们希望生态环境得到保护，可以和资源权益方进行交易，比如说缴纳一定的生态环境保护费用。研究者提到的生态系统和受损产业本身并不直接构成旅游生态补偿的客体，生态破坏和产业损失可以通过资源权益方的索求得到补偿。

不过在理论上，将生态系统作为独立的一方来考虑有其意义。根据帕累托最优改善原则，一个区域在选择发展旅游业时，所有利益相关者的净收益都不能减少。如果将生态系统作为独立的一方，则意味着旅游发展对生态造成的破坏必须通过一定手段予以恢复，这对旅游发展提出了更高的要求，但也更符合可持续发展的本意——对生态系统的破坏不能通过对人的补偿来实现补偿。就前面提到的思维实验而言，如果旅游发展后生态环境能够通过一定的手段恢复到原状，也就是 $A_0 - A_1 = 0$，则这时旅游发展的受益方显然只要支付增加的维护成本部分 $(X_1 - X_0)$。

（五）结论

在运用生态补偿的一般理论来分析旅游生态补偿问题时要特别注意其适用性。旅游生态补偿应该理解为旅游发展带来的生态补偿问题，而不是旅游业对生态环境的破坏进行补偿。生态系统服务价值、生态保护成本、发展机会成本是建立生态补偿标准的依据，但在运用于分析旅游生态补偿时，不能简单地把所有的生态保护成本和发展机会成本都视为发展旅游的成本，也不能把整个旅游收入视为旅游业从生态系统服务中获得的价值。在旅游生态补偿中，旅游者其实是生态系统服务的最终受益者，因而也就是最终和最主要的补偿主体，不过这种补偿往往通过旅游开发经营者间接进行。旅游生态补偿有其最低标准和最高标准，只有在旅游生态补偿符合帕累托最优改善原则的情况下，旅游发展才是有效率的。

二、国内外旅游地生态补偿实践分析与经验借鉴

（一）国外旅游地生态补偿案例分析

1. 通过社区资源管理（Community-Based Resource Management，CBRM）调动社区居民的积极性

社区资源管理（CBRM）是一种积极的参与式方法，其目标旨在促进区域的可持续发展以及资源的持续利用，同时要注重社区的生计发展，它在资源管理上强调应以社区为主体，要考虑到社区生计（左停等，2005）。CBRM与生态补偿的结合是强调在旅游地生态补偿的过程中，将社区作为重要对象，保证社区居民从旅游业中受益，改善居民的生活质量，以此推动旅游地的环境保护和可持续发展。在国外旅游地社区资源管理与生态补偿相结合的具体实践当中，大致可以分为产权补偿模式与参与共管模式。

（1）产权补偿模式

20世纪80年代中期津巴布韦开始实施本土资源社区管理项目，目的是为了更好保护这些保护区域内的居民利益（蒋姮，2012）。管理部门下放了部分野生动物资源管理权给社区，目的是提高经济效益的同时提高生态效益。项目对生态旅游和狩猎实行许可证制度，对许可内的旅游和狩猎活动征收高额许可费，所得资金部分回馈社区。这个项目被公认为非洲社区资源管理（CBRM）项目中最成功的项目。

玻利维亚Eduardo Avaroa保护区位于玻利维亚南部高原沙漠地带，占地面积700 000公顷，拥有美丽的沙漠景观和两大"彩色"湖泊，是3个火烈鸟种群的栖息地，也是骆驼类四足动物等多个濒危物种的栖息地。目前在玻利维亚所有保护区中旅游者人数最多，每年旅游者增长率接近15%。保护区内有两个合法居住的社区，人口数分别为500和200。社区居民祖祖辈辈驯养骆驼和羊驼，以卖骆驼和羊驼的毛皮及肉制品为主。1973年发展旅游业以前居民靠采集火烈鸟蛋与猎狐为生。由于狐狸是骆驼和羊驼的天敌，禁止猎狐后收入损失较多，居民因此不满。1999年，大自然保护协会（The Nature Conservancy，TNC）关注到当地状况，引入了生态补偿制度。该制度主要涉及社区的内容包括：第一，两个社区参与旅游门票收入分成作为补偿，门票提成所得收入用于社区基础设施建设；第二，社区获得家庭式旅馆的经营权（蒋姮，2012）。该案例中旅游地居民认为他们之所以能够获得较为公平的充分的补偿，是因为该保护区的生态资源已经成为流转商品，如果政府不能对居民丧

失的资源提供公平的市场价格补偿,居民可以直接通过市场进行交易,这在很大程度上起到了制衡行政权力的作用,让管理机构做出了更多的让步,保证了补偿公平合理性。20世纪70年代中叶,由于缺乏合理的规划与妥善的管理,肯尼亚一些保护区和国家公园的发展问题日益突出(张建萍,2003)。如安波沙提国家公园中的集水区是马赛人重要的水资源。由于旅游者行为或多或少会影响农牧活动,因此马赛人对旅游发展颇有微词。20世纪60年代后,随着安波沙提划设成为国家公园,矛盾进一步激化。肯尼亚总统于1971年宣布中央政府拥有安波沙提的管辖权,迫使马赛人迁出此区域,并另觅水源。这种来自中央的强硬措施激怒了马赛人,他们大肆猎杀草原上的犀牛、狮子、印度豹、大象等进行抗议。他们明确表示:要是中央政府强行占取该土地,马赛人就要让生存其上的动物消失,使其丧失作为一个国家公园的资格。后经多方协调,安波沙提顺利成为国家公园,政府则以下列承诺回报马赛人的让步:政府在邻近湖泊兴建取水和引水设施,将水送至马赛人的土地;中央政府将部分门票收入用于国家公园的管理与发展;政府须聘用社区居民从事园区管理工作,增加就业机会;马赛自治团体对其他剩余土地保留所有权。如此,当地村落的基础建设得以推动,社区居民的收入得以增加。从此,马赛人开始自觉致力于保护野生动物。

  南非洛克泰尔湾的商业性自然旅游项目,立足于当地丰富的自然旅游资源和反贫困非政府组织项目,给予社区居民股票份额作为生态补偿(张兵,2011)。洛克泰尔湾附近的社区居民持有旅馆所有权和旅馆经营权双重股份,收益取决于旅游收入和持有人的股票份额(张波,2006)。居民们每个季度收到他们在旅馆所有权公司的股息,来源是旅行社缴纳的租金。经营红利存入社区信托基金会的银行账户,只有满足下列条件,资金才能获得使用:①信托基金会所开展的任何项目,都要参考、接受社区居民的建议;②独立的农村发展委员会与信托基金会共同协商社区发展项目;③项目方案必须提交社区大会投票公决。如果信托基金会没有经过整个社区的同意使用资金,社区居民有权解雇信托基金会,再选举出新的信托基金会。社区收益分配渠道包括:①社区基金。按一定比例将资金分配给社区居民。②基础设施。部分被用于地方学校与道路的改进建设。③教育。资助学术和职业培训,提供奖学金。④就业。优先向社区居民倾斜。值得注意的是,提供就业机会注重机会均等,即任何社区居民都可以到经营企业参加面试(安娜·斯潘斯里,2002)。因此,这种生态补偿的模式减少了劳动力的外流,对加强社区的凝聚力发挥了重要作用。

  巴西雅乌国家公园拥有原始的热带生态系统,面积23 000km^2,2000年被列为联合国教科文组织世界遗产。园内存在小规模的居民生活区。长期以来,区内居民并没有获得土地所有权或使用权。因此居民在雅乌国家公园聚居的行为并没有法律依据。公园在被列为世界遗产之后，当地政府没有选择将数百年来在该地非法定居的社区居民赶出公园，而是将土地使用权作为社区居民提供生态服务的补偿（蒋姮，2012）。2001年福特基金会评估了如何通过生态补偿实现公园资源保护的目标。相关工作人员对园内两个社区——Lazaro社区和Floresta社区的居民进行了调查研究。两个社区的居民共计200人左右，由欧洲橡树伐木工后裔和当代土著居民组成。评估发现，公园内的两个社区，特别是Floresta社区居民在公园内的生活并没有破坏公园内生态环境。这是因为他们的家庭消费水平低、人口密度低、技术运用合理，所以他们在公园内的生活及资源利用并不影响资源的可持续利用。实际上，社区居民不仅与自然和谐共存，在日常生活中对人与自然的相互依存关系有着深刻的认识，他们的用水方式、耕种方式、林产品收集方式等与自然循环有着同样的节奏，同时居民还成为生态环境保护的重要力量，并提供了生态服务，如有机生态农业种植、固体废物处理，以及树木涵养等，对公园的景观、气候、水、土地和生物多样性产生了诸多有利影响。评估报告认为，居民传统的生活生产方式保护并改善了公园的生态环境，建议以产权补偿等形式对居民不断提供的生态服务进行补偿，即使居民在国家公园的定居权合法化。

从上述案例可以看出，为社区居民赋予稳定的土地所有权、使用权或者旅游资源的经营权等，成为国外促进旅游地社区资源管理（CBRM）与生态补偿相结合的重要手段，这在一定程度上是因为当地政府认识到产权的明确性与稳定性不仅能够维护社会的稳定，而且能够促进社区居民持续提供生态环境服务。

（2）参与共管模式

澳大利亚是世界上最早实施旅游地社区参与共管模式的国家，开创了旅游地管理模式改革之先河（秦天宝，2009）。20世纪70年代之后，澳大利亚逐渐认识到土著居民与土地的联系，意识到在土地的传统知识以及土地所承载的文化责任方面，土著居民参与旅游地管理的重要性。因此，强调在旅游地管理中政府与当地社区（在澳大利亚主要是土著社区）分享权力和责任的"合作管理"（Cooperative Management）、"共同管理"（Co-management）理念（秦天宝，2009）。在具体实践当中有不同的表现形式，从非正式的征求意见到法定的联合管理，层次不一。共同管理可以鼓励拥有丰富的生态知识、独特的决策与执行规则以及人地关系的土著居民，贡献他们的智慧和经验。位于澳大利亚北领地（Northern Territory）的乌鲁鲁-卡塔丘塔国家公园（Uluru-Kata Tjuta）是世界上最早实行共同管理模式的保护地之一。乌鲁鲁地区千百年来便是澳大利亚中部原住民的传统居住地，而乌鲁鲁大岩石更是许多原住民的传统圣地。自从1870年白人探险家到达开始，土著居民逐渐被驱离该片土地。1958年乌鲁鲁正式成为国家公园，后更名为乌鲁鲁国家公园。而同时，当地的土著居民却必须面对越来越多的狩猎和采薪限制以及旅游者带来的"观光暴行"压力。在他们的强烈要求下，澳大利亚政府在1979年同意将核心旅游地区之外的土地归还给土著居民，但不包括最具有传统文化与文化延续价值的两块大红石区。另外，在乌鲁鲁北边同样位于北领地的卡卡杜（Kakadu）地区，1979年澳大利亚政府归还当地土著居民的传统土地，但附带条件是必须将此土地租给澳大利亚政府成立卡卡杜国家公园，并由传统地主和澳大利亚自然保育局共同管理。卡卡杜的案例也激发了乌鲁鲁地区土著居民继续向政府要求完整的土地权。最后，在1983年11月澳大利亚政府终于承认了土著居民土地权，并于1985年10月正式交还。土地拥有者与政府签订了99年的租约来延续国家公园的政策与管理，但是新的管理权责必须由土著居民与国家代表所共同组成的共同管理委员会来行使。由卡卡杜和乌鲁鲁所发展出的国家公园共管模式，引起了澳大利亚和国际间的广泛关注。其共管模式的目标，一方面是希望在进行园内的生物多样性保护时，也能延续社区居民的传统价值，另一方面则是参考和借鉴当地社区的传统生态知识与传统经营管理模式来进行国家公园的经营管理（秦天宝，2009）。这种模式的施行是将长期规划与日常管理的合作关系，通过双方的协议予以制度化。租赁协议，是此共管模式相当重要的特色与施行基础，以契约明文规定当地社区的土地所有人和承租的保育组织双方的权利义务。土著居民享有相当高的资源权与经营管理权。乌鲁鲁国家公园的共同管理委员会正式成立于1985年，由10名委员组成，其中土著居民代表6名，政府代表4名。共管委员会的主要职责是负责该公园的日常经营管理。澳大利亚在乌鲁鲁以及卡卡杜两个国家公园采用的当地社区参与和共管保护地的做法，开创各国之先河。这种"共同管理"的模式，不但保障了当地社区各项权益的获得，更通过这个机制内的各项措施来达成当地社区，特别是土著居民传统知识与传统经营方式被尊重与被纳入当代管理体制中，并得以延续和发展（秦天宝，2009）。

肯尼亚为保证保护区和国家公园的正常发展，政府鼓励社区居民参与到与野生生物相关的行业，如旅游、畜养、提供食物或制作纪念品及表演等，从而使社区居民从旅游业中获取利润（张建萍，2003）。政府还提倡主管野生动物的相关部门放下架子，尽力给社区居民辅导、建议和协助。肯尼亚与美国国际发展机构共同制定了"生物多样区保护计划"，目的是协助社区居民找到合适的工作项目，增加每个家庭的经济收入，改善居民的基本生活条件，缓解居民与国家公园管理间的矛盾与冲突。肯尼亚推出的"野生动物发展与利益分享计划"提出，旅游利益不应尽由白人所主导的旅游集团所独享，需让当地民众因从中获取利益而感到满足，如此才能说服他们放弃放牧、农作等其他土地利用方式，以及彻底解决盗猎问题。肯尼亚野生生物服务署是一个半官方组织，负责管理肯尼亚全部的国家公园及部分保护区。其管理经费部分来自门票、租金、旅游项目管理收费等，组织所获收入专款专用，不与其他单位共享，用于推动整合式野生动物管理与保护计划，以及与国家公园、保护区附近居民切身相关的计划（黄鹰西等，2014）。肯尼亚野生生物服务署将权力下放，将许多决策下放至现场决定，邀请社区居民亲身参与，共同讨论，而不再采取由上而下的决策模式。相关工作取得了实际效果。1995年底约有160万美元的回馈金分配给当地社区、民间团体以及地方政府，约有300个地方所提交的计划方案获得经费补助，其中约有1/3用来兴建学校或提供作为学生奖学金。之后数年则更强调实质性的建设，重点在于推广与旅游或保护相关的谋生技能与活动，培养与训练民众的工作能力，并且把通过开创多样性的旅游活动以增加当地社区实际利益作为日后奋斗的目标（张建萍，2003）。

可以看到，参与共管的模式能够使社区居民通过参与管理、经营活动参与旅游地发展的决策管理，获得旅游收益，社区居民会将旅游业发展与自身今后发展结合考虑，因此会视环境保护、文化传承为己任，最终推动自身、社区、当地旅游业的共同发展。这种新的模式真正实现了多赢，在实践中效果显著。

2. 非政府与非营利组织在旅游地生态补偿中的平台作用

各类非政府与非营利组织属于第三方组织，在生态补偿中往往以环保组织为主体（黄寰，2013）。对于非政府与非营利组织而言，参与补偿的直接动力是其生态环保价值观。基于此，他们在旅游地生态补偿领域，利用各自专门知识和渠道践行并推动公众参与保护行动。包括大自然保护协会（The Nature Conservancy，TNC）、保护国际基金会（Conservation International，CI），以及世界自然基金会（World Wide Fund for Nature，WWF）在内的国际非政府与非营利组织，在旅游地生态补偿领域发挥了宣传倡导、多方沟通、资金筹集、监督管理、效用评估等积极作用。

科莫多国家公园，位于印度尼西亚东努沙登加拉省。1991年，被联合国教科文组织列入世界自然遗产名录。为保护国家公园内的珊瑚礁，大自然保护协会（The Nature Conservancy，TNC）与当地政府合作建立了科莫多国家公园社区保护基金，成功遏制了珊瑚礁的恶化（蒋姮，2012）。此外，为给保护基金提供新的资金来源，大自然保护协会还与当地利益相关者合作成立了生态旅游合资公司。合资公司向旅游者收取门票。门票费用用于管理开支、旅游者中心建设以及相关教育和职业培训项目。英国南彭布鲁克位于威尔士西南半岛上,是一个由约40个村庄和城镇组成的农村地区,面积400km^2。1992年,南彭布鲁克与农村社区联合行动委员会(简称SPARC)受到欧盟资助成立,其目的是提高当地人的经济和文化生活水平,同时改善当地的环境质量(张朋等,2003)。SPARC的重点是鼓励社区最大限度地参与到各个发展阶段。第一,开展一个基于评估的行动规划,SPARC让村民对目前遇到的难题和机会进行评估,其结果是大多数村民都把农村旅游作为潜在的经济增长点,希望采用一种"非侵入式的,基于当地自然资源、景色、遗产和文化"的旅游开发方式。第二,以SPARC为平台鼓励多主体参与,组织、提升和经营这一地区。如当地教育组织和专家提供有价值的数据和评估指标开展研究工作,当地商家提供训练来提高当地技工技术,政府部门提供资金。同时SPARC与私人投资者一起为旅游者提供过夜住宿,给个人和集团相同的商业发展机遇。第三,SPARC通过各种方式促进社区的参与。如提供小额款项支持社区居民成为小的业主,训练当地建筑工人掌握遗迹修复技术等。第四,SPARC建设了绿色通道,以最少的汽车流量保护社区环境。SPARC与威尔士农村委员会一起设计了步行和自行车游线路等,鼓励采用"步行和骑马"方式,并在宣传材料中标有"步行和骑马"路线、公路骑车路线、非公路骑车路线,阐明少用汽车对环境的好处以及减少拥挤和噪声对人类的益处。南彭布鲁克虽然没有大量的旅游发展资金和技术资源,但是SPARC与社区内各类公众和私人团体结成了合作性的"伙伴"关系,在各个层面密切合作。

仅仅由政府部门推动的旅游发展可能会忽视社区等其他利益主体的存在,如果全部由社区和企业主导又会片面追求旅游发展,这就要求在多个利益主体之间存在发挥协调作用的组织,而非政府组织与非营利组织往往能够承担此任,在调节相关利益者之间的关系、保证相关利益者之间的持续合作方面发挥重要作用。

3. 企业的积极参与

厄瓜多尔Guyabeno野生动物栖息地是厄瓜多尔业马逊地区重要的生态旅游地。社区居民以刀耕火种、打猎捕鱼为生。Transturi旅游公司通过与社区居民协商生态补偿条件而成功地在该栖息地建立了由当地社区进行管理的野生动物保护区。经过充分协商后达成的共识是:Transturi公司进入他们的聚居地进行经营,社区居民保证在旅游者通行的道路两边不从事狩猎活动,双方保护聚居地免受第三方侵害。正是经过利益相关者之间的充分协商,Guyabeno野生动物栖息地得到了保护,社区管理的野生动物保护区得以建立,旅游公司和社区居民也得以获得经济效益(蒋姮,2012)。瑞士一家名为"Hotelplan"的旅行社,从2001年1月起,对所有参加他们"海滨假日"生态游的旅游者征收5瑞士法郎(约合25元人民币)的生态补偿基金。一年多时间内，旅行社征收到了75万美元的生态基金，这笔基金被用于"海滨假日"生态游景点的生态保护、突发事件的处理和海洋生态的研究项目（钟林生等，2006）。根据受益者付费原则，旅游开发经营商、当地政府、旅游者等凡因发展旅游获益的利益主体都有义务保护发展旅游所依赖的资源及环境。而目前，补偿主体多是旅游开发经营商，较少涉及旅游者。此外，政府通常明文规定直接或委托相关政府机构向旅游者强制征收旅游生态补偿费，而不具有政府职能的旅行社，直接向旅游者征收旅游生态补偿费的行为较为少见，可见国外公民整体上具有较高的环境保护意识（黄鹰西等，2014）。

（二）国内旅游地生态补偿的案例

青城山风景区开创了我国旅游地生态补偿的先河。从20世纪80年代中期起，当地政府即将景区门票收入的30%支付给林业部门用于景区的森林保护，使得青城山风景区的森林资源状况得以很快好转。1989年10月在四川乐山召开的森林生态补偿研讨会，开启了中国生态补偿机制建立的历史进程（中国生态补偿机制与政策研究课题组，2007）。此后，许多地区纷纷效仿，生态补偿成为我国旅游地生态保护的主要形式之一。

1. 以门票费用拓展旅游地生态补偿的资金来源

目前的旅游地生态补偿收费内容大体可以分为四类（杜群，2005）。第一类是资源开发使用费，是在单位或个人直接开发、占用、利用、使用自然资源时所缴纳的费用。例如土地使用费、水资源费、海域使用费、矿区使用费等。这种费用直接源于自然资源的使用价值，而不以是否有人类劳动的凝结或管理投入为转移。其费用的多少，通常根据开发使用的资源数量、面积以及稀缺程度、可获利益的大小确定。判断资源开发使用费是不是具有生态补偿的性质，主要看它的用途是否用于资源的生态服务功能的保护和管理。如《浙江省水资源管理条例》第31条规定"水资源费应当用于对生态环境的保护及水资源保护、管理和节约用水工作"，说明其具有生态补偿的成分和性质。第二类是资源生态和生态环境补偿费。补偿费是为弥补、恢复、更新自然资源的减少、流失或破坏而向开发利用自然资源者所收取的费用，例如育林费、森林生态效益补偿基金费、森林植被恢复费、耕地开垦费、土地复垦费、征用土地补偿费、新菜地开发建设基金、土地损失补偿费、水土流失防治费、矿产资源补偿费、生态环境补偿费等。这类费用，通常根据恢复、更新所消耗、破坏的资源的实际费用征收，但也有的只按开发利用自然资源所得的一定比例或数量征收，如育林费、森林生态效益补偿基金费、生态环境补偿费等。第三类是资源生态保护管理费。资源生态保护管理费是为了解决培育、维护、管理自然资源的费用支出而向开发利用自然资源者征收的费用。例如河道工程修建维护费、河道采砂取土管理费、野生动物资源保护管理费、自然保护区保护管理费、渔业资源增殖保护费、森林公园门票费等。这类收费，虽然也具有对所消耗的自然资源给予一定补偿的性质，但它主要是为了弥补国家或有关单位为保护、管理自然资源所支出的费用，而不是如开发使用费那样是对自然资源本身价值的补偿。第四类是补偿性的惩罚性收费。惩罚性收费是政府管理机关在自然资源开发利用者不按规定要求开发利用自然资源时而让其缴纳的带有制裁性质的费用。例如耕地闲置费，是在用地单位办理各项用地审批手续、缴纳各项正常的费用以后，在其非农业建设占用的耕地上一年以上未动工建设而按规定缴纳的费用，显然就属于惩罚性收费。另外，《森林法》中关于对滥伐森林或者其他林木的，责令补种滥伐株数5倍的树木，"拒不补种树木或者补种不符合国家有关规定的，由林业主管部门代为补种，所需费用由违法者支付"所规定的费用，也具有惩罚性质。

以上各项补偿费用实际上涉及多个补偿主体，但向旅游者征收相对简单可行，因此将旅游地生态补偿费用包含在旅游门票当中，成为中国旅游地生态补偿较为通行的手段。

福建的武夷山景区从1993年起开始征收资源保护费，并将资源保护费计入门票。目前武夷山景区的联票门票中包含11元的资源保护费，100元的九曲溪竹筏漂流门票中包含12元的资源保护费。

2001年丽江古城开始向旅游者征收古城维护费（以下简称"古维费"）来"以城养城"。2007年7月1日起，征收范围扩大到丽江古城内持有丽江风景区准营证的客栈；2007年3月以前，古维费的收费标准为每人每天20元，每人次最高40元；2007年古维费调整为每人次80元。散客和"自由行"旅游者主要通过入住宾馆、酒店、客栈时征收，市内各大景区、景点进行补征和查验。2010年，古城管理局开始实施古城维护费票据实名制，并开发出一套适合古城维护费征收的电子信息系统。2010年，共征收古城维护费24 110万元，比2009年同期增收3061万元；征收人数为301万人，比上年同期征收人数增加38万人，同比增长14.5%（李文，2012）。

2006年7月1日，大理洱海风景名胜区根据游船实载乘客人数，按每一乘客每人次30元的收费标准向在洱海内从事旅游载客航运的经营者收取资源保护费。

云南玉溪抚仙湖从2010年8月1日起开始征收抚仙湖资源保护费。抚仙湖资源保护费于2010年8月1日开始征收，截至2015年10月，累计征收抚仙湖资源保护费4705.5万元。

2015年5月云南玉龙雪山景区将门票从105元提高至130元，目的是为了实施环境保护工程、完善基础设施、建立旅游资源补偿机制。这笔费用的计算体现了河道工程修建维护费、河道采砂取土管理费、野生动物资源保护管理费、自然保护区保护管理费、生态环境补偿费等。

从国内旅游地的发展现状来看，大部分旅游地，特别是以自然资源为主的旅游地，生态保护工作还不尽如人意，各种违法开发现象层出不穷，但保护人力、物力普遍不足难以应对这些违法开发（苏杨，2016）。部分旅游地自身还存在规模较大的生态恢复需求，但由于资金不足，生态保护的需求往往难以满足。因此，旅游门票收入成为旅游地生态补偿经费来源的有益补充，形成了以市场机制促进生态保护的局面。但另外一方面也需要关注，由于保护资金来自于门票提成，资金规模与旅游者规模的增长呈正相关，但旅游者规模增长带来的旅游活动、旅游开发等相关生态压力也会随之增加。因此如何处理好两者之间的矛盾，是目前采用门票方式获取补偿资金的国内旅游地所面临的主要问题。

2. 以社区参与提升社区居民在生态补偿中的权益

社区参与是生态旅游的内在要求。从价值论角度考察，社区居民的参与有助于真正体现生态补偿中的分配正义。通过参与意识的培养、机会的提供、利益的分享、能力的提升可实现居民的有效参与；社区居民的参与有助于经济价值和生态价值的全面提升，通过"明晰产权"并借助一定的管理组织可以大大调动居民的积极性并提高管理的效率；社区居民的参与有助于实现人与人以及人与自然之间的长久和谐，通过良性的协商程序可建立顺畅的沟通渠道（栗明等，2015）。特别是对于少数民族聚居的旅游地而言，社区参与成为对社区居民进行补偿的重要形式。

贵州天龙屯堡采取的是整体租赁经营，即政府将经营权授予民营企业或以民营资本为主体的股份制企业，由其组织投资、开发、经营、管理，并按约定比例由景区所有者和出资者共同分享收益。天龙文化旅游公司，作为社区旅游开发的核心，与政府、农民旅游协会、旅行社分工合作，形成了"政府+公司+农民旅游协会+旅行社"的社区参与旅游开发模式（张波，2006）。按照各负其责，各司其职分工。其形式是：政府负责交通通信等基础设施建设和协调旅游投资公司、旅行社与村委会、农户之间的关系；旅游投资公司负责旅游开发项目的资金投向；旅行社负责组织旅游团到天龙旅游；村委会和农民旅游协会负责天龙古镇的环境卫生、治安秩序，组织地戏演出，组织村民参加英语、导游知识等各项培训等。在旅游收入的分配上，由公司统一进行景区的经营管理，统一收取门票，负责整个景区内所需的费用开支，并对门票收入进行再分配，即上交政府税收和公共性开支、村委管理费和必要费用、农民旅游协会基金和各种活动费用、旅行社市场拓展金。公司除留出部分作为旅游开发项目的再投入资金外，剩余部分按照政府、公司、旅行社、协会四等份平均分配，属于农户这一部分再由协会按照多劳多得原则分配给农户，农户自己出卖旅游商品所得全部归农户，政府不再提成。合理分配、按劳取酬的原则，使天龙古镇广大村民从旅游开发中普遍得到了实惠，从而激发了他们投身旅游工作的极大热情。天龙屯堡文化旅游模式的特点在于：开发投入少，经济效益显著，社区居民参与程度高，受益面宽，带动性强，综合效益明显，脱贫持续效果好。

碧塔海景区位于云南中甸县城东部32公里处，是我国风景最为优美的高原湖泊之一，1984年被划为云南省省级自然保护区。同时碧塔海还是当地藏民心中的神山圣水，长期以来碧塔海自然生态环境得到了较好的保护。随着1995年寻找"香格里拉"到1997年"香格里拉"原型在迪庆高原发现，作为香格里拉核心区域，中甸的旅游业在短时期内经历了从无到有、从有到迅猛发展的过程。碧塔海是中甸重要景区之一，成为中外旅游者的必到之地。由于碧塔海地处高原地带，植物生长速度缓慢，生态系统极为脆弱，一旦破坏将难以恢复。中甸旅游业尚未发展之时，碧塔海一直是居住在附近的藏民放牧、砍柴、拾菌、打鱼、捡松米的地方。对于地处高原地带的藏民，发展农业、牧业的条件非常恶劣，农、牧业经济收入微薄，就近砍伐木材出售自然成为获取经济收入的重要途径之一。由于碧塔海长期被誉为是藏民心中的"神山圣水"，使碧塔海自然生态环境相对得以较好的保护。1995年，碧塔海旅游发展启动后，社区藏民通过运载旅游者进入碧塔海景区获取了一定的经济收入。随着中甸旅游业的迅猛发展，碧塔海旅游者人数逐年倍增，社区藏民由此而获取的经济收入也不断增加。碧塔海社区居民真正地认识到：保护碧塔海的自然环境，就是保护自己的经济利益。由此，碧塔海社区居民保护环境的意识逐渐增强，并自觉地充当了碧塔海生态环境的监督、保护人员（杨桂红，2001）。

社区居民利益保护问题是旅游地生态补偿中需要解决的重大问题。目前生态补偿中对于社区居民的补偿往往仅计算植被生态价格等显性损失，而社区居民本身即为旅游资源，以及其保护自然与文化旅游资源所产生的巨大旅游效益往往被略去。社区参与是解决上述问题的一个较好渠道，以旅游业为平台，能够合理补充社区居民因生态保护等旅游资源保护而导致的产业结构调整和土地利用方式改变所产生的损失，同时还能达到提升社区居民工作技能等方面的综合性目的。

三、旅游地生态补偿机制构建

(一)建立以政府为主体、多方参与的准市场生态补偿机制

从世界各国的生态补偿实践来看,政府的财政投入是支付环境保护和生态补偿的主要渠道。政府作为生态补偿的投入主体具有以下优点(李长亮,2009):首先,政府具有强大的资金实力。生态补偿所需要的资金量大,单凭个人或者企业难以承担巨额的支出,但是政府具有这方面的优势,政府可以集中资金投入到生态补偿上来。其次,政府具有宣传、组织、协调等优势。生态补偿涉及不同的补偿对象,主要包括社区居民、地方政府、相关企业等,这些不同的补偿对象所追求的目标是不相同的,因此他们对生态补偿的要求也不同,但是政府可以发挥自身的优势,将补偿政策向补偿对象进行广泛宣传,协调不同的补偿对象,促进生态补偿的顺利开展。最后,政府具有宏观组织管理优势。生态补偿的根本目的就是促进生态环境的改善,生态环境改善是一个复杂的系统工程,各个地区之间的生态建设必须协调,这样可以实现更大区域内生态环境的协同发展。因此,政府应该成为生态补偿的主体。

旅游地集中地拥有自然资源禀赋和景观价值较高的自然及人文景观,通常也具有重要的生态服务价值,发挥着水源涵养、生物多样性保护、水土保持等功能。对于旅游地的严格保护同样需要大量投入并会造成地方政府和社区居民发展机会的丧失。如前文所述,目前玉龙县等旅游地所获得的少量具有生态补偿性质的财政资金,仅源于旅游地内的公益林生态效益补偿以及退耕还林政策补偿,并非是根据旅游与生态之间的协调关系进行划拨。且上述资金的补偿标准过低。而国家重点生态功能区转移支付制度中尽管提到了国家级自然保护区、世界文化自然遗产、国家级风景名胜区、国家森林公园和国家地质公园等各类禁止开发区域的生态保护补偿政策,但现实中却几乎没有旅游地享受过这样的资金(苏杨,2016)。因此旅游地的相关管理部门目前无法获得具有生态补偿性质的各类资金来加强保护和体现公益性。

十八届三中全会《关于全面深化改革若干重大问题的决定》指出:"中央和地方按照事权划分相应承担和分担支出责任。中央可通过安排转移支付将部分事权支出责任委托地方承担。对于跨区域且对其他地区影响较大的公共服务,中央通过转移支付承担一部分地方事权支出责任"。2016年4月底发布的《国务院办公厅关于健全生态保护补偿机制的意见》(以下简称《意见》)指出:"中央和地方财政要逐步增加对重点生态功能区的转移支付。中央和地方预算内投资对重点生态功能区

内的基础设施和基本公共服务设施建设予以倾斜"。

对于旅游地，特别是属于国家重点生态功能区中的旅游地，提供的生态服务与旅游服务往往属于跨区域的公共服务，中央应承担事权（苏杨，2016）。需要在重点生态功能区转移支付制度的相关文件中明确旅游地的应享地位，使中央财政的既有补偿资金能顺应中央文件的要求，被用到对国家价值较大且在补偿资金上欠账最多的旅游地。在专门的生态补偿科目尚未建立之时，可以建立专项补偿资金，同时探索在适当的时候发行生态补偿国债（黄寰，2012）。就我国的实际情况而言，县级政府及相关行政主管部门不仅是省级生态建设项目还是国家级生态建设项目的具体执行者，更是项目执行费用的主要承担者（刘燕，2010）。因此，中央可将补贴资金直接拨付给生态项目实施县。这样可以节省补贴资金流通的中间环节，有利于加强监管，在一定程度上提高补偿资金的使用效率和效益。

在公共资源类旅游景区的控制权和收益权方面，地方政府多已进入相应的利益范围。虽然地方政府没有直接介入旅游资源的开发，但其作为国有自然资源所有权的代理人，也间接地从旅游发展中获得利益，并能对旅游地生态补偿政策的制定产生重要影响（张一群，2015）。因此，可探索完善建立资源税费补偿渠道，使地方政府掌握的旅游景区等既有收入中能有专款用于生态补偿。从资源税来看，我国资源税的正式设立源于1984年9月国务院颁布的《中华人民共和国资源税条例（草案）》。该条例旨在调节开发自然资源的单位因资源结构和开发条件差异而形成的级差收益。但由于当时仍然实行计划经济体制，资源税并没有真正发挥调节级差收益的作用。1993年12月，国务院颁布《中华人民共和国资源税暂行条例》，提出了从量定额征收的办法，确定了原油、天然气、煤炭、其他非金属矿原矿、黑色金属矿原矿、有色金属矿原矿和盐等七大税目。从1994年1月1日起实行"普遍征收、级差调节"的资源税制，对开采七种资源品的企业不论盈利与否都征税。该条例沿用至今，再加上一些补充法规和各地的地方性管理办法，构成了现行的资源税体系。2010年6月，国家在新疆率先进行资源税费改革。资源税改革的主要内容是扩大资源税的征收范围，提高税率，征收方式由从量计征改为从价计征（黄寰，2010）。推进资源税改革，有利于形成有效的生态补偿机制，特别是为生态补偿资金匮乏的地方政府提供了一条稳定的补偿资金收入渠道，同时还可以提升旅游企业、旅游者等征收对象的生态与环境保护意识。

但政府部门提供生态系统服务又有诸多缺陷，会严重影响生态建设绩效。例如，政府部门处于卖方和买方双重垄断的地位，缺乏竞争；生态建设产生的生态效益滞后、评估难，缺乏激励；信息不对称，有效监督难等。这些缺陷在具体生态建设及补偿时都有不同程度的体现。因此旅游地生态补偿机制的构建必须在政府主导的前提下，注重引入市场机制，区分公共物品的提供和生产，根据生态系统服务的公共性程度采取不同的提供方式。

在财政支付能力有限、政府公共品提供不足的情况下，必须要充分调动各方参与生态补偿和生态建设的积极性，将政府主导型生态补偿模式逐渐转变为政府主导、多方参与的准市场机制。旅游地多方参与主要体现在三个方面：一是民间组织的参与；二是企业的参与；三是旅游者的参与。

生态补偿中民间组织的核心是环保组织，即以环境保护为主旨，不以营利为目的，为社会提供环境公益性服务的民间组织（黄寰，2012）。著名的国际环保组织包括地球政策研究所、绿色和平、世界自然保护联盟、美国山岳协会、世界自然基金会、保护国际、野生动物保护学会、地球之友等，其在推动国际环保运动的发展、开展国际环保合作、协助发展中国家保护环境等方面发挥了重要作用（张谧等，2007）。我国民间环保组织分为四种类型：一是由政府部门发起成立的环保民间组织，如中华环保联合会、中华环保基金会、中国环境文化促进会、各地环境科学学会、环保产业协会、野生动物保护协会等；二是由民间自发组成的环保民间组织，如自然之友、地球村、北京山水自然保护中心，以非营利方式从事环保活动的其他民间机构等；三是学生环保社团及其联合体等；四是国际环保民间组织驻华机构（张谧等，2007）。在生态补偿过程中，可以依托在国内有影响力的第一类民间环保组织，推动各类民间组织、环保社团、民间基金会等社会力量加盟旅游地生态补偿网络，通过生态补偿科学研究、建立生态补偿社会基金等方式共同推动生态补偿的工作。同时，政府部门、事业单位也要主动与民间组织加强合作，形成生态补偿联合体（黄寰，2012）。与此同时，民间组织还可以以生态标签为切入点，推动旅游地生态补偿工作的开展。生态标签能够与相关法律一起构成旅游业的政策调控工具，是引导旅游可持续发展的重要保障。基于生态标签的权威认证能够规范旅游市场环境，明确生态旅游产品特质，避免无序竞争和虚假营销，减少消费中的信息不对称现象，实现国内外旅游市场间的对话（Vinod Sasidharan et al，2002）。从具体操作层面而言，旅游地生态补偿实施途径中的生态标签主要用于具体的旅游产品，民间组织需要鼓励和引导旅游景区、旅游饭店、旅游餐馆及旅游购物点等旅游开发和经营主体积极发展符合生态保护内涵和要求的旅游产品，建立起适应生态旅游消费需求的服务体系并努力获得国内外旅游业界认可的生态旅游标准认证，充分体现相关旅游产品和服务在旅游资源和环境保护方面的作用和价值（张一群，2015）。

从企业的角度来看,作为市场经济的主体,企业的经济职能是首要的,旅游企业大多数是受益者,同时企业也需要承担相应的社会责任。根据生态补偿的基本原则"谁受益,谁补偿",企业应该对旅游地的生态建设进行补偿。企业可以在几个方面对生态补偿做出贡献:一是严格执行《水土保持法》《森林法》《草原法》《野生动物保护法》《环境保护法》等法律,以及与生态环境保护有关的法规、规章制度;二是及时按章缴纳资源税费,特别是与生态补偿有关的保证金、排污费等要足额按时上缴;三是积极参与有关生态补偿机制的社会活动或经营活动,如为生态补偿基金捐赠、及时购买旅游生态标签等;四是根据旅游地的自然和人文环境制定出能充分保护当地旅游资源的开发计划,严格控制生态容量和经济容量,避免旅游区超负荷运载;五是不以人为的方式去破坏景区的自然风貌,不能在景区盲目地建盖与环境和地方文化不协调的设施;六是就资源的利用而言,要采用新型的、无公害的能源和资源,以及能节约能源和资源的新技术、新设备,在旅游商品的制造过程中要尽量节约原料和能源。

旅游地生态补偿机制民间参与主要体现在:一是加强对旅游者的生态教育。我国公众的环境保护意识普遍还比较低,人们在享受地球母亲恩泽的同时,却较少怀有生态系统价值观(姚明宽,2006)。无论是人们的潜意识上,还是法律的明示上,都未将生态系统归入"有价物"的范畴,"资源无价"的错误观念远未根除。例如天然林包括景观服务在内的生态系统服务功能价值远远高于其林产品经济价值,但这一巨大生态价值在经济建设和市场交换中不能体现出来。公众对生态补偿还知晓不多,对其作用和重要性缺乏深刻认识,生态补偿缺乏成熟的社会氛围。有些人不知道生态补偿为何物,认为自己无偿享有生态利益是天经地义的,无法理解为生态系统服务价值付账。还有些人即使能够认同生态补偿,也往往将生态补偿视为对生态保护者的恩赐。这些错误观念是构建生态补偿制度所面临的重大障碍,也为生态补偿工作的开展带来巨大的阻力。针对这一问题,需要加强生态保护和生态补偿重要意义的教育。对旅游者的生态教育是重要的一环。通过生态教育,即使旅游者在获得审美与娱乐体验的同时,获得关于特定旅游地的自然和文化资源的知识,获得对自然界生态和谐、万物相依相生的深刻体验,并进而培养环境保护的意识和行为习惯。旅游地可以通过导游解说、标识、媒体等渠道和方式,使旅游者接受生态教育。二是生态补偿不仅需要社会公众支持,还需要他们的共同决策和有力监督。目前我国现有的生态补偿项目大多是政府主导模式,政策的设计和制定更多体现的是政府或特殊利益集团的意志,社区居民自主选择权和话语权的空间非常有限,而社区居民是实践生态保护建设项目的执行者和主力军。因此旅游地生态补偿机制的决策者应充分听取社区居民的意见和建议，在政策设计时要充分体现社区居民的意愿。在项目实施过程中，可通过来访接待和抽样调查等方式，在补偿数额上广泛征求社区居民的意愿，对于具体使用何种方式进行补偿也应当听取社区居民的意见，因为他们是利益的最终落实者。专门收集社区居民有助于改善生态补偿的意见，根据他们的反馈信息及时调整政策设计，不断完善旅游地生态补偿机制。在旅游地生态补偿程序方面，要保障公众的知情权、异议权、申诉权等相关权利。生态补偿管理机构要及时通过广播、电视、报刊和网络等媒介向社会公众公布相关法规政策、生态破坏、环境污染状况等信息，同时培育相关利益代表组织，聘请相关专家参与论证，充分听取社会各界的意见，保证最终补偿决策的民主性和科学性，从而确保生态补偿工作的效果。三是促进旅游者形成正确的消费观，真正参与到旅游地的生态补偿体系当中。通过倡导旅游者购买并消费有生态旅游标签、符合国家所规定的生态环保标准的旅游产（商）品和服务，实现旅游者对旅游生态资源和环境服务价值的间接支付，以此有效扩展旅游地生态补偿资金来源。

（二）以土地赋权为主，辅以多样化的补偿形式，加强对社区居民的补偿力度

我国现行《宪法》第九条中明确规定："矿床、水流、森林、山岭、草原、荒地、滩涂等自然资源都属于国家所有，即全民所有；由法律规定属于集体所有的森林、山岭、草原、荒地、滩涂除外"。这意味着在我国，生态环境的权益归属是全社会，而不属于单一的个人或某个团体。但在实践中，却常常因这种"全民"属性而造成生态环境保护治理权利和义务主体的缺失。这种生态环境所有权的虚化现象在我国客观且普遍存在（叶知年，2007）。国家对资源的占有权主要通过各级政府施行，而最终的执行者是各地各职能部门，使国家所有权在目前的产权制度下往往缺位。由于产权缺失，积极的环境保护市场化方式不能直接进行。保护环境主体难以直接获益，也就容易造成"公地悲剧"。

与此同时，随着现代旅游业的发展，土地在不改变其原有功能的情况下，借助于其或其上吸引物的旅游吸引价值，实现其作为旅游商品的属性和资本属性。正是旅游吸引力赋予了它巨大的增值空间。这说明，土地及其附着物所拥有的旅游吸引力已经成为一项新的尚未被发现和承认的资产。而且，这种吸引价值完全可以从土地及其附着物的物理形态中剥离出来，作为一项收益性资产而独立存在。在这种情况下，土地的价值就发生了很大的变化。在进行旅游开发时，其价格应当是原有用途下的土地价值和吸引价值（旅游资源的商品化收益）共同组成的完全价格。（保继刚等，2012）

对于很多旅游地而言，社区居民既是旅游发展的参与者，同时他们的生活方

式、风俗文化、传统土地利用方式、建筑形式等也是旅游资源重要的组成部分。在旅游地生态补偿的具体实践当中，并未能实质性地解决失地农民的生计问题，往往以显性的原有用途下的土地价值作为生态补偿标准衡量的依据，土地所承载的隐形的旅游价值并没有得到认可和承认。这就出现了补偿金额与土地实际价值的背离。在部分已经采用门票分成等方式对社区居民进行直接补偿的旅游地，社区居民仍然会感受到补偿不适应经济水平的发展、单一经济补偿导致贫富差距等现实问题（孟晓红，2014）。而即使是通过参与旅游业等方式获得间接补偿，也存在就业岗位低端化等问题。如研究发现（蒋姮，2012），旅游地旅游发展初期会为社区居民提供一些诸如摆摊销售土特产品和农副产品等新的生计，但旅游业呈现产业化发展趋势之后，社区居民在资金、文化、技能等方面的劣势，使他们在丧失了利用自然资源和土地的权利后，并不能充分分享旅游发展所带来的好处。比如旅游业带来的就业机会中，社区居民大多数只能从事卫生清洁、摆摊设点、马匹租赁、房屋租赁等工作。初期摆摊设点销售土特农副产品的生计也被旅游产业化规范经营所淘汰。其次，外地投资者的资本优势和市场经验使他们在与社区居民的竞争中处于相对优势。他们的文化与旅游者更接近，更容易了解旅游者的所需所想，迎合他们的需求。他们讲的普通话是旅游者中的通用语言，而当地少数民族由于语言的障碍，与旅游者沟通较为困难。此外，旅游者普通反映，外地人的服务态度也比本地人好。因此，社区居民在旅游业中所获得的就业机会大多集中在低收入层次、高劳动强度、非技术型和低投资或基本无投资的领域（杨春和，2005）。另外一方面，外来人口从事旅游业所获得的利润，刺激了部分社区居民的经济欲望，特别是年轻人更容易受到这类示范效应的影响。为了赚更多的钱，过上更为富裕的生活，他们可能会积极地加入看上去更有前景的旅游业，直接参与旅游业的那部分社区居民崛起为新的社会阶层，进而引起社会的分化（院玲玲，2008）。

现行旅游地生态补偿机制中的各种问题导致部分旅游地居民采用极端的方式进行抗争。如广西龙胜梯田的居民破坏了梯田，影响了当地旅游业的可持续发展。2013年凤凰古城地方政府为了对当地自然资源和社区居民进行保护、补偿，宣布实行"一票制"进城收费政策，引发了旅游者、社区居民与地方政府等各利益相关主体之间的"门票事件"等。部分旅游地居民以盗砍盗伐、土地复垦等方式破坏生态契约。

在旅游发展中，唯有确权才能系统性地解决旅游地生态补偿过程中社区居民权益保护不足的问题和旅游增值收益的分配问题，从根本上保障社区参与的主体性以及社区居民对旅游资源进行保护的积极性。要真正确立社区在旅游发展中的主体地位，保障旅游收益的公平分配，通过立法对旅游吸引物权加以确认是基础（保继刚等，2012）。只有取得了法律支持，社区居民才能够理直气壮地凭借吸引物资产以入股的形式参与到旅游发展之中，而不是采用目前这种说不清道不明的门票分成或土地租赁形式参与到旅游发展之中。甚至还可以采用更加市场化的手段，直接面向社会，通过招商引资或拍卖吸引物权等形式吸引开发商投资以解决生态补偿资金匮乏问题。以吸引物权入股共同开发旅游，既未改变土地的所有权属关系，又可保障社区居民对土地和旅游资产的收益权。更重要的是，它可赋予社区居民作为股东参与或监督经营管理的权利和资格，因而是目前最能有效协调和化解各方利益与矛盾，达至共容利益的开发方式和经营机制。

旅游地生态补偿的方式有多种，有现金补偿、实物补偿、技术和智力补偿、政策补偿等。当前旅游地生态补偿主要采取的是现金补偿与实物补偿的方式，对社区居民因资源保护或旅游发展而遭受的损失进行补偿，主要表现为向社区居民发放基本生活保障金、贫困救助金、生产生活资料等（张一群，2015）。如前述的退耕还林补偿就是采用现金补偿和实物补偿相结合的方式。从目前的实践和补偿效果来看，这种补偿方式有其优点，即可以保障因旅游地生态保护和旅游业发展对社区居民基本生计来源造成的损害，保障受偿社区居民的基本生存权益，并能有效降低居民对旅游地生态资源的依赖程度（张一群，2015）。但是不利的一面是存在着无法解决发展权补偿的问题，无法解决生态保护和建设投入上自我积累、自我发展等问题，即不能建立一种长效机制，难以通过补偿提高被补偿者的可持续发展的能力，甚至会使其形成路径依赖（李长亮，2009；张一群，2015）。杨春和（2005）在玉龙县黄山乡文华村的调研中发现，部分社区居民得到补偿费用之后，并没有想到怎样把它用到改善生产条件、提高生产效率上，或者用于资金的积累为以后的发展做必要的准备，而是用它来盖房或者装修房子，买各种消费品如电视机、音响和游戏机，有一部分人甚至拿它去玩牌打麻将进行赌博，结果很多人家很快就把钱花光了。因此，应结合不同区域的特征、旅游地保护与发展的基本情况，建立资金补偿、实物补偿、智力补偿、政策补偿等多样化的生态补偿途径。

与资金补偿、实物补偿等能产生显性效应的补偿方式相比，以知识、技术、管理等要素输入为特征的智力补偿在弥补受偿对象的损失性境遇方面，有利于帮助受偿者构建稳固的自我发展机制，满足其更高层次的发展需求（张一群，2015）。智力补偿可由地方政府、相关管理部门、旅游开发和经营企业、生态保护组织等补偿主体组织有关领域的专家或培训人员，通过举办知识讲座、开设培训班、开展现场咨询活动、建设信息共享平台等多种方式进行（陈海鹰，2016）。一方面，对直接参与旅游地生态保护和环境建设的有关单位和个人等补偿对象，开展相关技术咨询和培训指导，培养一批旅游生态保护、建设和管理的专业人才。另一方面，结合受偿社区居民在外部旅游开发和经营管理背景下的生计发展需求，对其开展定期或不定期的免费教育培训活动，包括旅游从业技能培训、旅游特许经营项目的服务经营和管理培训，以及从事其他替代性产业发展的能力培训等。同时，对社区居民进行专门化或渗透式的生态环境保护教育，促进其生态环保意识和能力的不断提升。此外，还可以通过组织开展支教、捐资助学等活动，对当地社区教育事业进行扶持。

政策补偿可拓展补偿内容，成为优化配置补偿资源的重要手段，尤其在补偿主体经济基础薄弱的情况下。该方式能通过激励性制度资源的提供，有效地调节相关主体之间围绕旅游开发和经营管理而产生的生态和经济利益矛盾（张一群，2015）。对于社区居民等旅游地生态补偿对象而言，政策补偿有助于从制度、心理等层面增加其获取与旅游业互动发展权力的机会，实现其与相关补偿主体之间的生态和经济利益分配的公平正义，从而激发起更好、更持久地保护旅游生态环境的积极性（张一群，2015）。在旅游地生态补偿过程中，有关补偿主体可根据自然生态环境、社区居民及生态保护和建设者等受偿对象的现实状况和发展需求，分别制订和实施有针对性的政策制度（陈海鹰，2016）。例如，根据旅游地资源与环境可持续发展要求，除了制订实施严格的生态保护管理政策外，还应建立旅游生态环境保护的公共财政制度，推行旅游生态环境税费政策、清洁能源开发政策等。对于传统生计受影响的社区居民的政策补偿可分为两个层面：一是基本保障层面，即以受偿社区现有的居民基本社会保险制度为基础，实施以旅游经济效益为依托的居民基本生活保障、养老保险、医疗保险、失业保险等政策，进一步拓宽居民基本生活保障来源；二是提升发展层面，包括实施积极的就业引导政策、教育扶持政策、旅游项目特许经营政策，以及可帮助居民发展其他替代性产业的相关优惠政策（陈海鹰，2016）。对于从事旅游地生态保护和建设的相关单位和个人这一类补偿对象，则可通过一些激励性的政策制度安排，对其保护行为进行支持和补偿，包括制定实施旅游地生态资源利用与环境保护的市场化政策、产业化政策，并根据其生态保护和建设项目的投入产出等情况，分别从土地、人才、资金、信贷、税收等方面给予相应的政策优惠（陈海鹰，2016）。

（三）通过完善的评价监督机制提高生态补偿绩效

一个良好的生态补偿机制，必须是能够不断发展，并且有利于促进经济发展和生态建设良性循环的。因此需要严格评价生态补偿政策的可行性、操作性、运行成本和绩效情况。其目的在于从生态保护建设工程的实施成效、生态补偿资金的配置情况、投入成本与各项收益的对比、生态环境的改善、组织实施的管理水平等各个层面评估生态补偿机制的运行效率。根据这些反馈信息,发现存在的问题和不足,为调整和完善补偿机制和各项指标提供参考。由于旅游地生态补偿机制涉及的范围广泛,包括补偿主客体、补偿金额、补偿方式、补偿资金的筹集和使用等多个方面,因此需要建立系统性的补偿绩效评价监督机制。具体而言,可以包括以下内容:生态补偿机制是否达到了预期的目标(结合生态系统服务价值评估、旅游者对景观的评价情况等),即政策效果;补偿资金的投入量与资金的配置状况是否合理,即资源投入量;补偿资金的投入量与补偿效果是否成正比,即经济效率;生态环境保护者、受损者和破坏者、受益者以及其他利益主体之间的补偿分配是否合理,即公平性。

补偿绩效评价主体除了旅游地生态补偿业务主管机构、地方政府财政及审计等职能部门,补偿项目实施单位(自评)及受邀的专业评价机构等之外,还应广泛吸收旅游企业、社区居民、旅游者及非政府组织代表参与补偿项目的检查和评估,并向利益相关方及时地公布评估结果,以此建立起合理的社会参与评估机制,实现社会力量对旅游地生态补偿工作的有力支持。

从补偿绩效评价效果的应用来看,将旅游地生态补偿绩效评估结果纳入地方生态环境建设评价体系乃至经济社会发展评价体系,增加补偿评价结果指标在地方政府及相关管理部门行政考核、旅游企业管理绩效考核中的比重等,推动管理者自觉主动地实施旅游生态补偿政策,是实现旅游地生态补偿社会功能拓展、支撑旅游地自然—经济—社会复合生态系统可持续发展的应有之举(张一群,2015)。

第七章
研究结论与展望

一、研究结论

旅游地涉及政府、企业、旅游者、社区居民等多个利益主体，各利益主体对于旅游业发展以及生态保护的诉求各有差别。生态补偿作为一种"内在协调"方式，能够在相关利益主体之间建立一种平衡关系和制约机制，实现旅游产业持续发展与生态治理兼顾。建立完善的生态补偿制度必然涉及补偿对象、补偿标准、补偿方式等核心问题，其中，标准研究、空间范围与机制构建是明确补偿主体、对象与渠道，影响补偿实现的关键。因此，研究选择生态环境脆弱，近年来旅游业快速发展的云南省玉龙县为研究区，在深入分析旅游活动与生态环境耦合关系与空间关系的基础上，分别分析、测算与预测了旅游地生态补偿的标准与空间差异，并借此探讨了适合旅游地发展特征的生态补偿机制。

研究在现有研究成果的基础上，基于国内外理论研究与实践进展，系统论述和发展了旅游地生态补偿的概念与内涵，对补偿主客体、补偿标准、补偿模式和保障体系等关键问题进行了详细阐述与分析，补充了目前对于旅游地生态补偿的内涵定义、理论框架，特别是弥补了标准、空间选择以及机制构建等方面的深入和系统研究还非常有限的不足。认为生态补偿是旅游地综合运用政府和市场手段协调旅游地生态保护利益相关者之间的利益关系，以激励相关各方从事旅游地生态保护与建设的积极性，实现旅游地生态功能的保护、恢复和增值的重要渠道。

补偿标准是旅游生态补偿机制的核心问题，它不仅直接关系到补偿的力度和效果，而且其确定的逻辑实际上蕴含了对旅游生态补偿的理解，并且会影响到旅游生态补偿主客体的确定以及补偿的实现。研究构建了以机会成本核算的最低标准、以游憩功能价值核算的合理标准以及由前两者之和匡算的最高标准组成的旅游地生态补偿标准核算体系。研究表明：①在生态补偿标准的核算当中，最基本的工作是能够找到合适的载体，以此载体为基础定量计算出机会成本，抑或是生态服务价值。对于旅游地而言，土地利用存在着基本的生产功能以及在此基础上附加的旅游功能，体现在价值上，会形成原有用途下的土地价值和游憩功能价值共同组成的叠加价值。因此，以土地利用为载体，不仅能够同时反映旅游地生态保护与旅游业发展的双重内容，还能反映与土地密切相关的社区农民生产、生活及发展的问题，以此确定旅游地社区居民的生态补偿标准，具有合理性，也具有实践上的操作性。②玉龙县人均3586.7元的生态补偿最低理论值与136元的实际相比，差别较大。但如果一味强调现实的补偿标准向理论值看齐，不仅中央与地方财政承受能力有限，同时目前对社区居民如何合理使用补偿款项还缺乏引导和保障措施。从这个意义上而言，在具体实践中，旅游业成为地区生态补偿重要的市场化渠道，也是促进社区参与地区发展的重要途径。一方面，旅游业的发展为土地价值的实现提供了现实的市场化途径。另一方面，旅游业提供了社区参与地区产业发展的机会，能够在一定程度上缓解我国由于生态补偿机制的不完善所导致的生态保护与发展存在矛盾的现实问题。

旅游活动的类型、强度与空间范围均区别于一般的人类活动，因此旅游活动对生态系统的影响程度表现出明显的空间差异性。同样，社会居民因生态保护放弃的机会成本，以及参与旅游业的经济收益等都呈现出空间异质性。现有研究较少考虑上述因素空间分异规律对于旅游生态补偿的影响，而往往将区域视为均质，利用行政边界框定补偿对象，容易导致"部分人负担，部分人受益"。为了真正促进区域发展的公平与效率，发挥旅游生态补偿应有的效果，研究从社会公平的角度出发，以旅游地社区居民为补偿对象，以土地利用为载体，构建涵盖为支持旅游业发展与生态发展所造成的机会成本以及应分享的游憩功能价值与生态服务功能在内的生态补偿标准指标体系，对不同空间单元的生态补偿标准进行等级划分。研究结果表明：各空间单元人均补偿标准存在明显的空间异质性；依据人均补偿标准，可将其划分为优先补偿区、次级补偿区、中等补偿区、临界补偿区与潜在补偿区5个等级；如果将优先补偿区、次级补偿区与中等补偿区作为补偿的主要对象，补偿面积占总补偿区面积的51.3%，补偿人口占总人口的49.8%。

对于旅游地生态功能关系与标准的预测，研究在构建旅游地生态功能关系的评价框架的基础上，对人类活动生态压力与生态环境承载力的关系，以及最低、合理与最高生态补偿标准进行了预测。研究结果表明：①2015年玉龙县人类社会的生态需求已极大地高出自然环境的生态供给，如果不采取适当措施改善系统内部的功能结构，玉龙县将强烈依赖行政边界之外的生态系统来提供资源供给和生态系统服务功能，或者是大量消耗自身的自然资源以满足供给的不足；②利用以机会成本核算的最低标准、以游憩功能价值核算的合理标准以及由前两者之和匡算的最高标准组成的旅游地生态补偿标准核算体系，在假定生态公益林面积不变的前提下，计算出生态补偿的最低标准为32 956万元，合理标准为127 455万元，最高标准为160 411万元。

对于生态补偿机制的建立，研究以玉龙县生态补偿标准与空间的研究为基础，并借鉴国内外旅游地生态补偿机制构建的成功经验，构建了以政府为主体的纵向投入，以及多方参与的横向投入相结合的准市场机制，强调需要将社区居民作为最为重要的补偿客体，并通过土地赋权同时辅以政策与智力补偿的综合性方式加以补偿，同时建立完善的评价监督机制以提高生态补偿绩效的旅游地生态补偿机制，为西部典型区域制定旅游业可持续发展规划与政策提供参考。

二、研究展望

第一，旅游活动生态影响范围与标准计算的整合。研究分别对旅游地生态补偿的标准与空间差异进行了研究与测算。但囿于生态补偿标准计算中的机会成本、旅游收入、生态用地等统计资料大多以行政单元进行统计，因此研究未对实际的旅游活动生态影响范围与标准测算进行整合研究，即以生态补偿空间为载体计算补偿标准。未来可以在数据空间化基础上，整合旅游地生态补偿空间范围及其等级区划与生态补偿标准的研究。

第二，在相关预测中考虑风险因子对于确定标准的影响。风险的存在对机会成本有很大影响。风险因子同样会对游憩功能价值、生态价值带来影响。而目前本研究对于相关预测的讨论限于假设的条件，忽略了社区居民微观决策，以及宏观的自然、经济、社会等各类因素对于机会成本、游憩功能价值与生态价值的影响。未来可以在预测研究中引入风险因子的影响。

第三，通过对国内外旅游地生态补偿研究文献的对比分析与总结，可以知晓我国对旅游地生态补偿社区参与以及效果评价体系的研究还远远不足。探讨旅游者支付意愿与社区居民受偿意愿，探索进行旅游地生态补偿的绩效研究，并加强不同区域、不同类型、不同发展阶段的案例研究，以期为旅游地构建一套更为科学、实用的生态补偿机制，是未来研究的重点和难点。

附录　玉龙县森林生态效益补偿基金测算与保障[①]

一、测算依据

（1）《中央财政森林生态效益补偿基金管理办法》（财农〔2009〕381号）；

（2）云南省人民政府办公厅印发《云南省地方公益林管理办法》（2009年3月24日）；

（3）《云南省实施中央财政森林生态效益补偿基金管理细则》。

二、经济技术指标

（1）国家重点公益林生态效益补偿标准为国有的国家公益林不补偿；集体或个人所有的10元/亩·年；

（2）公共管护支出每亩0.25元；权属为集体或个人的管护补助支出为每亩9.75元；

（3）所有者补偿费占全部管护补助性支出的比例不低于50%，项目规划和劳务费占全部管护支出的比例不高于40%，监管费占全部管护支出的比例不高于10%；

（4）劳务费：60元/工日；

（5）护林员管护费：按面积测算。

三、测算结果

由于玉龙县林政管理实际困难较大，为整合全县资源林政管理队伍力量，结合

---

① 玉龙纳西族自治县林业局、玉龙纳西族自治县财政局编制. 云南省国家级公益林生态效益补偿玉龙纳西族自治县实施方案（2012年修订），2012.

2011年10月26日玉龙县第八次政府常务会议关于玉龙县"天保"二期实施方案有关集体公益林生态补偿金分配使用的精神,2011年12月22日,玉龙县上报《关于公益林生态补偿金及专业管护队伍分配方案的请示(玉林报〔2011〕140号)》,决定玉龙县国家级和省级公益林补偿金权属为集体和个人部分统一按5:4:1的比例标准执行。40%的管护劳务费用于在全县组建公益林专业管护队伍。2011年12月28日玉龙县县委常委会议讨论并通过此方案。并由各乡镇人民政府征求完成了《玉龙县使用权为个人的公益林管护方案意见表》。装订成册后,原件留底,复印件已上报到市林业局备案。

(一)国家级重点公益林生态效益补偿基金测算结果

玉龙县国家级重点公益林补偿面积3 456 000亩,按国家级重点公益林集体和个人生态效益补偿标准10元/亩·年计算,每年玉龙县生态效益补偿基金25 901 000元,详见附表1。

附表1 玉龙县国家级重点公益林生态效益补偿基金测算表

单位:元

统计单位	总计	国有	集体	个人
合计	25 901 000	—	18 101 000	7 800 000
省级列支	259 010	—	181 010	78 000
市级列支	388 515	—	271 515	117 000
管护费	10 101 390	—	7 059 390	3 042 000
林农补偿费	12 639 688	—	8 833 288	3 806 400
县级统筹	2 512 397	—	1 755 797	756 600

(二)森林管护测算

根据2011年10月26日玉龙县第八次政府常务会议关于玉龙县"天保"二期实施方案有关集体公益林生态补偿金分配使用的精神,决定玉龙县公益林补偿金权属为集体和个人部分统一按5:4:1的比例标准执行,管护人员工资按人民币每人每月1000.00元计算,全县可聘1004人的专业管护队伍,根据各乡镇公益林分布面积和林政管理、护林防火工作难度合理配置管护人数。管护劳务费合并国家级及省级公益林资金使用,责任片区根据地形,国家级及省级公益林统一划分。具体费用及人员分布以实际操作结果为准。玉龙县国家级重点公益林管护测算以附表2作为参考。

附表2 玉龙县国家级重点公益林管护测算表

统计单位	管护面积（亩）	集体和个人管护面积（亩）	管护人数（人）	集体和个人管护人数（人）	集体和个人管护开支（元）	用工量（个）
合计	3 456 000	2 590 100	1172	378	10 101 390	168 357
塔城乡	48 920	41 355	14	8	161 285	2688
巨甸镇	272 777	260 070	59	9	1 014 273	16 905
鲁甸乡	73 314	65 882	30	8	256 940	4282
黎明乡	699 496	518 126	204	21	2 020 691	33 678
石鼓镇	309 247	232 689	116	50	907 487	15 125
石头乡	397 605	89 548	136	14	349 237	5821
九河乡	221 984	215 046	87	39	838 679	13 978
太安乡	73 942	73 942	20	14	288 374	4806
黄山镇	1013	1013	3	1	3951	66
拉市乡	12 922	12 922	3	2	50 396	840
龙蟠乡	226 198	186 799	52	29	728 516	12 142
白沙乡	10 471	10 471	5	3	40 837	681
大具乡	89 710	89 710	47	20	349 869	5831
鸣音乡	231 822	222 907	72	40	869 337	14 489
宝山乡	257 349	227 418	144	65	886 930	14 782
奉科乡	279 886	223 363	77	31	871 116	14 519
玉龙保护区	209 505	81 639	87	18	318 392	5306
拉市保护区	39 839	37 200	16	6	145 080	2418

（三）林农补偿费测算

补偿费由村集体用于生态环境保护及其他相关支出，按一年测算，计12 639 688元，详见附表3。

附表3 玉龙县国家级重点公益林林农补偿费测算表

统计单位	补偿面积（亩）				补偿费（元）			
	合计	国有	集体	个人	合计	国有	集体	个人
合计	3 456 000	865 900	1 810 100	780 000	12 639 688	—	8 833 288	3 806 400
塔城乡	48 920	7565	30 357	10 998	201 812	—	148 142	53 670
巨甸镇	272 777	12 707	226 769	33 301	1 269 142	—	1 106 633	162 509

续表

统计单位	补偿面积（亩）				补偿费（元）			
	合计	国有	集体	个人	合计	国有	集体	个人
鲁甸乡	73 314	7432	49 411	16 471	321 505	—	241 126	80 379
黎明乡	699 496	181 370	254 378	263 748	2 528 455	—	1 241 365	1 287 090
石鼓镇	309 247	76 558	229 691	2998	1 135 522	—	1 120 892	14 630
石头乡	397 605	308 057	89 548	—	436 994	—	436 994	—
九河乡	221 984	6938	140 385	74 661	1 049 425	—	685 079	364 346
太安乡	73 942	—	64 757	9185	360 837	—	316 014	44 823
黄山镇	1013	—	1013	—	4943	—	4943	—
拉市乡	12 922	—	—	12 922	63 059	—	—	63 059
龙蟠乡	226 198	39 399	149 436	37 363	911 579	—	729 248	182 331
白沙乡	10 471	—	10 471	—	51 098	—	51 098	—
大具乡	89 710	—	89 710	—	437 785	—	437 785	—
鸣音乡	231 822	8915	211 462	11 445	1 087 787	—	1 031 935	55 852
宝山乡	257 349	29 931	141 081	86 337	1 109 800	—	688 475	421 325
奉科乡	279 886	56 523	2792	220 571	1 090 011	—	13 625	1 076 386
玉龙保护区	209 505	127 866	81 639	—	398 398	—	398 398	—
拉市保护区	39 839	2639	37 200	—	181 536	—	181 536	—

（四）县级统筹费测算

根据2011年10月26日玉龙县第八次政府常务会议和2011年12月28日玉龙县县委常委会议决定，国家级公益林权属为集体和个人的，统一按10%统筹县级监管费。详见附表4。

附表4　玉龙县国家级重点公益林县级统筹费测算表

单位	权属	面积（亩）	统筹标准	县级统筹（元）
玉龙县	合计	3 456 000	—	2 512 397
	国有	865 900	—	—
	集体	1 810 100	0.97	1 755 797
	个人	780 000	0.97	756 600

四、使用和管理

严格按省财政厅、省林业厅制定的《云南省森林生态效益补偿基金管理实施细则》执行。具体主要有以下方面：

（1）县财政部门、林业主管部门应当对上年度补偿基金拨付使用情况、国家级公益林管护情况进行检查，于每年4月1日前联文向省级财政部门、林业主管部门报送当年度中央财政补偿基金申请报告。

（2）各级财政部门应当于收到上级资金计划后15个工作日内，将中央财政补偿基金下达和拨付到下一级财政部门。

（3）县级林业主管部门会同乡镇政府将中央财政补偿基金分配情况在当地张榜公布，接受群众监督。兑付给个人和集体的中央财政补偿基金，具体补偿方案应当由所在村委会公示，公示无异议后才能兑付。

（4）县级财政部门、林业主管部门应当对中央财政补偿基金实行专项管理，分账核算。各级财政部门和林业主管部门应当建立中央财政补偿基金拨付、使用和管理档案。

（5）各级财政部门和林业主管部门，应当严格按照规定用途使用补偿基金，不得擅自调整。

五、制度保障

为确保补偿资金管理制度化、规范化，县林业局认真贯彻《云南省森林生态效益补偿基金管理实施细则》文件精神，做好资金兑现工作，对补助资金的使用要加强监督检查，建立资金使用违规违纪问题的责任追究制度。国家重点公益林按《云南省森林生态效益补偿基金管理实施细则》的要求，结合玉龙县实际制定国家重点公益林管护细则、规章制度、护林员巡山记录制度、人员考核与奖惩制度，做好国家重点公益林的管护工作。

由于玉龙县林政管理实际困难较大，为整合全县资源林政管理队伍力量，结合2011年10月26日第八次政府常务会议关于玉龙县"天保"二期实施方案有关集体公益林生态补偿金分配使用的精神，决定玉龙县公益林补偿金权属为集体和个人部分统一按5：4：1的比例标准执行。全县公益林2011年应总共下达补偿资金3096.35万元，扣除省、市公共支出费64.7525万元，实际下达到玉龙县财政补偿资金应为3031.5975万元，其中管护补助支出的50%用于林权所有者补偿费计1508.9938万元，管护补助支出的40%用于组建专业管护队，劳务费计1205.889万元，县统筹及村监管费10%计316.7147万元作为县级监管村统筹费统一使用。管护人员工资按人民币每人每月1000.00元计算，全县可聘1004人的专业管护队伍，根据各乡镇公益林分布面积和林政管理、护林防火工作难度，1004人将按附表2由各乡镇根据公开、公平、公正的原则聘请当地具有小学以上文化程度，热爱林业，责任心强，身体健康，年龄在20~50周岁的村民担任。（村委会成员及领取财政工资的个人不能聘为管护人员。）

六、资金保障

根据《云南省森林生态效益补偿基金管理实施细则》"森林生态效益补偿基金除国家重点财政和州（市）财政列支的资金外，其余全部用于国有林业单位、集体和个人的管护等开支"的要求，本次工作所需的工作经费按分级负担的原则，由国家重点公益林森林生态效益补偿工作领导小组进行协调，得到市、县两级财政部门的支持，将配套资金筹措到位，确保国家重点公益林森林生态效益补偿工作的顺利开展。

参考文献

[1] Antonio A. On ethical, social and environmental management systems[J]. Journal of Business Ethics, 2004, 51: 41-52

[2] Babcock B A, Lakshminarayan P G, Wu J J, Zilberman D. Targeting tools for the purchase of environmental amenities[J]. Land Economics, 1997, 73 (3): 325-339.

[3] Baerenklau K A, González-Cabán A, Paez C, et al. Spatial allocation of forest recreation value[J]. Journal of Forest Economics, 2010, 16: 113-126.

[4] Barker N H L, Roberts C M. Scuba diver behavior and the management of diving impacts on coral reef[J]. Biological Conservation, 2004, 120: 481-489.

[5] Barnes J I. Economic characteristics of the demand for wildlife-viewing tourism in Botswana[J]. Development Southern Africa, 1996, 13 (3): 377-397.

[6] Barnes J I, Schier C, van Rooy G. Tourists' willingness to pay for wildlife viewing and wildlife conservation in Namibia[J]. South African Journal of Wildlife Research, 1999, 29 (4): 101-111.

[7] Barry L, Rensburg T M, Hynes S. Improving the recreational value of Ireland's coastal resources: A contingent behavioural application[J]. Marine Policy, 2011, 35: 764-771.

[8] Bartczak A, Lindhjem H, Navrud S, et al. Valuing forest recreation on the national level in a transition economy: The case of Poland[J]. Forest Policy and Economics, 2008, 10: 467-472.

[9] Belisle F J, HoyD R. The perceived impact of tourism by residents[J]. Annals of Tourism Research, 1980, 7: 83-101.

[10] Bestard A B, Font A R. Estimating the aggregate value of forest recreation in a regional context[J]. Journal of Forest Economics, 2010, 16: 205-216.

[11] Bienabe E, Hearne R R. Public preferences for biodiversity conservation and scenic beauty within a framework of environmental services payment[J]. Forest Policy and Economics, 2006, 9: 335-348.

[12] Brander L M, Beukering P V, Cesar H S J. The recreational value of coral reefs: A

meta-analysis[J]. Ecological Economics, 2007, 63: 209-218.

［13］Briassoulis H. Sustainable development and its indicators: Through a glass darkly[J]. Journal of Environmental Planning and Management, 2001, 44 (3): 409-427.

［14］Brouwer R, Brander L, Van Beukering P. A convenient truth air travel passengers' willingness to pay to offset their CO_2 emissions[J]. Climatic Change, 2008, 90 (3): 299-313.

［15］Brunt P, Courtney P, Hostperceptions of Socio-cultural impacts[J]. Annals of Tourism Research, 1999, 26 (3): 493-515.

［16］Butler R W. The concept of a tourist area cycle of evolution: implications for management of resources[J]. Canadian Geography, 1980, 24 (1): 5-12.

［17］Chan K M A, Satterfield T, Goldstein J. Rethinking ecosystem services to better address and navigate cultural values[J]. Ecological Economics, 2012, 74: 8-18.

［18］Choi H C, Sirakaya E. Sustainability indicators formanaging community tourism[J]. Tourism Management, 2006, 27: 1274-1289.

［19］Clem Tisdell and Ranjith Bandara. Visitors' Reaction to Pinnawala Elephant Orphanage in Sri Lanka: A Survey[C]// Working Papers on Economics, Ecology and the Environment 82. University of Queensland, School of Economics, 2003.

［20］Cooper C, Fletcher J, Gilbert D, Wanhill S. Tourism Principles and Practice[M]. New York: Longman, 1998.

［21］Costanza R, d'Arge R, de Groot R, et al. The value of the world's ecosystem services and natural capital[J]. Nature, 1997, 387: 253-260.

［22］Daily G C. Nature Services: Social Development on Natural Ecosystems[M]. Washington D C: Island Press, 1997.

［23］Daniel T C. Whither scenic beauty? Visual landscape quality assessment in the 21st century[J]. Landscape and Urban Planning, 2001, 54 (1-4): 267-281.

［24］Davis D. Allen J. Consenza R M. Segmenting local residentsby their attitudes, interests and opinions toward tourism[J]. Journal of Travel Research, 1988, 27 (2): 2-8.

［25］De Groot R S, Wilson M A, Boumans R M J. A typology for the classification, description and valuation of ecosystem functions, goods and services[J]. Ecological Economics, 2002, 41 (3): 393-408.

［26］De Groot R S. Functions of Nature: evaluation of nature in environmental planning, management and decision making[M]. Amsterdam: Wolters-Noordhoff, 1992.

[27] Dharmaratne G S, Sang F Y, Walling L J. Tourism potentials for financing protectedareas[J]. Annals of Tourism Research, 2000, 27 (3): 590-610.

[28] Dimara E, Skuras D. Rationing preferences and spending behavior of visitors to a scarce recreational resource with limited carrying capacity[J]. Land Economics, 1998, 74 (3): 317-327.

[29] Donnelly D M, et al. Net economic value of deer hunting in Idaho[C] // USDA, FS. 1986, Resource Bulletin: RM-13.

[30] Doxey G V. A causation theory of visitor irritants, methodology and research references[C] // The impact of tourism sixth annual conference proceedings of the travel research association. San Diego, 1975: 195-198.

[31] Forman R T T, Godron M. Landscape Ecology[M]. New York: John Wiley & Sons, 1986.

[32] Freeman A M III. The Measurement of Environmental and Resource Values: Theory and Methods[M]. Washing D C: Resource for the Future, 1993.

[33] Gossling S, Hansson C B, Horstmeier O, et al. Ecological footprint analysis as a tool to assess tourism sustainability[J]. Ecological Economics, 2002, 43: 199-211.

[34] Gössling S. Carbon neutral destinations: A conceptual analysis[J]. Journal of Sustainable Tourism, 2009, 17 (1): 17-37.

[35] Gössling S, Schumacher K P. Implementing carbon neutral destination policies: Issues from the Seychelles[J]. Journal of Sustainable Tourism, 2010, 18 (3): 377-391.

[36] Gunn C A. Tourism Planning[M]. New York: Taylor & Francis, 1988.

[37] Gunn C A, Var T. Tourism Planning: Basics Concepts Cases (4th ed) [M]. New York: Routledge, 2002.

[38] Henderson J C. Corporate social responsibility and tourism: hotel companies in Phuket, Thailand, after the Indian Ocean tsunami[J]. Hospitality Management, 2007, 26: 228-239.

[39] Holder J, Ehrlich P R. Human population and global environment[J]. American Sciensist, 1974, 62: 282-297.

[40] Jackson J B. Discovering the Vernacular Landscape[M]. Yale University Press, New Haven, 1984.

[41] Jamal T, Stronza A. Collaboration theory and tourism practice in protected areas: stakeholders, structuring and sustainability[J]. Journal of Sustainable Tourism, 2009, 17(2): 169-189.

[42] Jim C Y, Chen W Y. Assessing the Ecosystem Service of Air Pollutant Removal by Urban Trees in Guangzhou (China)[J]. Journal of Environmental Management, 2008(88): 665-676.

[43] Jurado E N, Tejada M T, García F A. Carrying capacity assessment for tourist destinations. Methodology for the creation of synthetic indicators applied in a coastal area[J]. Tourism Management, 2012, 33(6).

[44] King Y, Wan P. The social, economic and environmental impacts of casino gaming in Macao: the community leader perspective[J]. Journal of Sustainable Tourism, 2012, 20(5): 737-755.

[45] Ko D W, Stewart W P. A structural equationmodel of residents' attitudes for tourism development[J]. Tourism Management, 2002, 23: 521-530.

[46] Kosoy N, et al. Payments for environmental services in watersheds: Insights from a comparative study of three cases in Central America[J]. Ecological Economics, 2007, 61: 446-455.

[47] Kumar H D. Modern Concepts of Ecology (7th ed)[M]. Vikas Pubishing House, 1992.

[48] Kuvan Y. The use of forests for the purpose of tourism: The case of Belek Tourism Center in Turkey[J]. Journal of Environmental Management, 2005, 75: 263-274.

[49] Landell-Mills N, Porras I T. Silver Bullet or Fools Gold? A Global Review of Markets for Forest Environmental Services and Their Impact on the Poor[M]. London: the International Institute for Environment and Development, 2002.

[50] Larson J S. Rapid assessment of wetlands: History and application to management. Match, Global Wetlands: Old World and New[C]. Elsevier, 1994: 623-636.

[51] Leiper N. The framework of tourism: towards a definition of tourism, tourist, and the tourist industry[J]. Annals of tourism research, 1979, 6(1): 390-407.

[52] Leiper N. Tourism and Tourism Systems[C]// Occasional Paper No. 1, Department of Management Systems. Massey University, Palmerston North, 1989.

[53] Leiper N. Tourism Management. Collingwood[M]. VIC: TAFE Publications, 1995.

[54] Lewis P F. Axioms for reading the landscape[C]// In: Meinig D W（Ed.）, Axioms for Reading the Landscape. Oxford University Press, New York, 1979.

[55] Lim C, McAleer M. Ecologically sustainable tourism management[J]. Environmental Modelling & Software, 2005, 20: 1431-1438.

[56] Lundtorp S, Wanhill S. The resort lifecycle theory: Generating processes and estimation[J]. Annals of Tourism Research, 2001, 28（4）: 947-964.

[57] Macmillan Douglas C, Harley David, Morrison Ruth. Cost-effectiveness analysis of woodland ecosystem restoration[J]. Ecological Economics, 1998, 27（3）: 313-324.

[58] Matthew C. Community conservation and a two-stage approach to payment for ecosystem services[J]. Ecological Economics, 2011, 71: 89-98.

[59] McKercher B, Prideaux B, Cheung C, et al. Achieving voluntary reductions in the carbon footprint of tourism and climate change[J]. Journal of Sustainable Tourism, 2010, 18（3）:297-317.

[60] Medlik S. Dictionary of Travel, Tourism and Hospitality[M]. Oxford: Heinemann, 1993.

[61] Mill R C, Morrison A M. The Tourism System（4th ed）[M]. Dubuque: Kendall Hunt Publishing Company, 2002.

[62] Millennium Ecosystem Assessment. 2005. Ecosysmem an Human Well-being: Biodiversiry Synthesis[M]. Washingtong D C: World Resources Institute.

[63] MillR C, MorrisonA M. The Tourist System: an Introductory Text[M]. Englewood Cliffs: Prentice Hall, 1992.

[64] Monfreda C, Wackernagel M, Deumling D. Establishing national natural capital accounts based on detailed ecological footprint and biological capacity assessments[J]. Land Use Policy, 2004, 21（3）:231-246.

[65] Moore W, Whitehall P. The tourism area lifecycle and regime switching models[J]. Annals of Tourism Research, 2005, 32（1）:112-126.

[66] Murphy P E. Perceptions and attitudes of decision-making groups in tourism centers[J]. Journal of Travel Research, 1983, 21（3）:8-12.

[67] Odum E P. Fundamentals of Ecology（3rd. Ed）[M]. W B Saunders. Philadephia, Pennsylvania, 1971.

[68] Odum E P. Ecology and Our Endangered Life-support System[M]. Sinauer

Associates, 1989.

[69] OECD. Saving Biological Diversity-economic Incentives[M]. Paris: OECD, 1996.

[70] Page S, Yeoman I, Munro C, et al. A case study of best practice: Visit Scotland's prepared response to an influenza pandemic[J]. Tourism Management, 2006, 27 (3): 361-393.

[71] Poterwetterstein (ed.). Harm to the Environment: The Right to Compensation and the Assessment of Damages[M]. Oxford: Clarendon Press, 1997.

[72] Poudyal N C, Hodgesa D G, Merrett C D. A Hedonic Analysis of the Demand for and Benefits of Urban Recreation Parks[J]. Land Use Policy, 2009, 26: 975-983.

[73] Prayaga P, Rolfe J, Stoeckl N. The value of recreational fishing in the Great Barrier Reef, Australia: A pooled revealed preference and contingent behaviour model[J]. Marine Policy, 2010, 34: 244-251.

[74] Priskin J. Physical impacts of four-wheel drive related tourism and recreation in a semi-arid, natural coastal environment[J]. Ocean & Coastal Management, 2003, 46: 127-155.

[75] Rai S C, Sundriyal R C. Tourism and biodiversity conservation: The Sikkim Himalaya[J]. Ambio, 1997, 26 (4): 235-242.

[76] Ramjeawon T, Beedassy R. Evaluation of the EIA system on the Island of Mauritius and development of an environmental monitoring plan framework[J]. Environmental Impact Assessment Review, 2004, 24: 537-549.

[77] Rees W E, Wackernagel M. Urban ecological footprints: why cites cannot be sustainable and why they are a key to sustainability[J]. Environmental Impact Assessment Review, 1996, 16: 223-248.

[78] Robert C, Ralph d'Arge, Rudolf de Groot, et al. The value of the world's Ecosystem Services and Nature Capital[J]. Nature, 1997, 387: 253-260.

[79] Robert T L. Comprehensive Environmental Response, Comprension and Liability Act. Thomas FP. Sulllvan (Ed.)[M]. Environmental Law Hand book (Thirteenth Edition). Government Institutes, Inc. RockVilie, MD, 1995.

[80] Rojek C and Urry J (eds). Touring Cultures: Transformations of Travel and Theory[M]. London, Routledge, 1997.

[81] Rulleau B, Dehez J, Point P. Recreational value, user heterogeneity and site characteristics in contingent valuation[J]. Tourism Management, 2012, 33: 195-

204.

[82] Samuelson Paul. The Pure Theory of Public Expenditure[J]. Review of Economics and Statistics, 1954, 36 (11): 388-389.

[83] Saveriades A. Establishing the social tourism carrying capacity for the tourist resorts of the east coast of the Republic of Cyprus[J]. Tourism Management, 2000, 21: 147-156.

[84] SCEP. 1970. Man's Impact on the Global Environment[M]. Berlin: MIT Press Cambridge Mass.

[85] Scheyvens R, Russell M. Tourism and poverty alleviation in Fiji: comparing the impacts of small and large scale tourism enterprises[J]. Journal of Sustainable Tourism, 2012, 20 (3): 417-436.

[86] Sekhar N U. Local People's attitude towards conservation and wildlife tourism around Sariska Tiger Reserve, India[J]. Journal of Environemental Management, 2003, 69: 339-347.

[87] Siegfried W R, Benn G A, Gelderblom C M. Regional assessment and conservation implications of landscape char-acteristics of African national parks[J]. Conservation Biology, 1998, 84: 131-140.

[88] Simón F J G, Narangajavana Y, Marqués D P. Carrying capacity in the tourism industry: a case study of Hengistbury Head[J]. Tourism Management, 2004, 25: 275-283.

[89] Smith I J, Rodger C J. Carbon emission offsets for aviation-generated emissions due to international travel to and from New Zealand[J]. Energy Policy, 2009, 37 (9): 3438-3447.

[90] Snyman S L. The role of tourism employment in poverty reduction and community perceptions of conservation and tourism in southern Africa[J]. Journal of Sustainable Tourism, 2012, 20 (3): 395-416.

[91] Spiteri A, Nepal S K. Incentive-based conservation programs in developing countries: a review of some key issues and suggestions for improvements[J]. Environmental Management, 2006, 37 (1): 1-14.

[92] Tansley A G. The use and abuse of vegetational concepts and terms[J]. Ecology, 1935, 42: 237-245.

[93] Tapsuwan S, MacDonald D H, King D, et al. A combined site proximity and

recreation index approach to value natural amenities: An example from a natural resource management region of Murray-Darling Basin[J]. Journal of Environmental Management, 2012, 94: 69-77.

[94] Teye V, Snmez S F, Sirakaya E. Resident's attitudes toward tourism development[J]. Annals of Tourism Research, 2002, 29(3): 668-688.

[95] Tisdell C, Bandara R. Visitors' reaction to Pinnawala Elephant Orphanage in Sri Lanka: A survey[C] // Working Papers on Economics, Ecology and the Environment 82. University of Queensland, School of Economics, 2003.

[96] Tsaur S H, Lin Y C, Lin J H. Evaluating ecotourism sustainability from the integrated perspective of resource, community and tourism[J]. Tourism Management, 2006, 27: 640-653.

[97] Tzatzanis M, Wrbka T, Sauberer N. Landscape and vegetation responses to human impact in sandy coasts of Western Crete, Greece[J]. Journal for Nature Conservation, 2003, 11(3): 187-195.

[98] Vinod Sasidharan, Ercan Sirakaya, Deborah Kerstetter. Developing countries and tourism ecolabels [J]. Tourism Management, 2002, 23(2): 161-174.

[99] Wackernagel M, Rees W E. Our Ecological Footprint: Reducing Human Impact on the Earth[M]. Gabriola Island: New Society Publishers, 1996.

[100] Wackernagel M, Onisto L, Bello P, et al. National natural capital accounting with the ecological footprint concept [J]. Ecological Economic, 1999, 29: 375-390.

[101] Wallace K J. Classification of ecosystem services: Problems and solutions[J]. Biological Conservation, 2007, 139(3/4): 235-246.

[102] Westman W E. "How much are nature' services worth?" [J]. Science, 1977, 197: 960-964.

[103] Willis K G, Benson J F. Recreational value of forest[J]. Forestry, 1989, 62(2): 93-110.

[104] Yang Jun, McBride J, Zhou Jinxing, et al. The urban forest in Beijing and it's role in air Pollution reduction [J]. Urban Forestry & Urban Greening, 2005(3): 65-78.

[105] Zandersen M, Tol R S J. A meta-analysis of forest recreation values in Europe[J]. Journal of Forest Economics, 2009, 15: 109-130.

［106］《中国生物多样性国情研究报告》编写组. 中国生物多样性国情研究报告[M]. 北京：中国环境科学出版社，1998.

［107］A. C. 庇古. 福利经济学[M]. 朱泱，张胜纪，吴良健，译. 北京：商务印书馆，2006.

［108］安娜·斯潘斯里. 南非两个自然保护区旅游经营项目中的当地社区受益体系[J]. 产业与环境，2002，24（3-4）：50-53.

［109］保继刚，楚义芳. 旅游地理学[M]. 北京：高等教育出版社，1999.

［110］保继刚，左冰. 为旅游吸引物立法[J]. 旅游学刊，2012，27（7）：11-18.

［111］贝塔朗菲. 普通系统论的历史和现状[M]. 北京：科学出版社，1981.

［112］卞显红. 城市旅游空间结构研究[J]. 地理与地理信息科学，2003，19（1）：105-108.

［113］卞显红. 城市驴友空间分析及其发展透视[J]. 北京：中国物资出版社，2005.

［114］蔡运龙. 在深化可持续发展研究中发展地理学[J]. 地理研究，1998，1：17-22.

［115］曹辉，陈秋华. 福州市旅游生态足迹动态[J]. 生态学报，2007，27（11）：4686-4695.

［116］曹明德. 对建立我国生态补偿制度的思考[J]. 法学，2004（3）：40-43.

［117］曾辉，孔宁宁，李书娟. 卧龙自然保护区人为活动对景观结构的影响[J]. 生态学报，2001，21（12）：1994-2001.

［118］查爱苹，邱洁威，姜红. 旅行费用法若干问题研究[J]. 旅游学刊，2010，25（1）：32-37.

［119］柴彦威，林涛，刘志林，等. 旅游中心地研究及其规划应用[J]. 地理科学，2003，23（5）：547-554.

［120］陈安泽，卢云亭，等. 旅游地学概论[M]. 北京：北京大学出版社，1991.

［121］陈宝敏. 科斯定理的重新解释——兼论中国新制度经济学研究的误区[J]. 中国人民大学学报，2002（2）：68-72.

［122］陈海鹰. 自然保护区旅游生态补偿运作机理与实现路径研究[D]. 云南大学博士论文，2016.

［123］陈金华，李洪波. 试论自然保护区生态旅游社区参与——以武夷山为例[J]. 北京第二外国语学院学报，2005（1）：11-15.

［124］陈新岗. "公地悲剧"与"反公地悲剧"理论在中国的应用研究[J]. 山东社会科学，2005，115（3）：75-78.

[125] 程占红, 张金屯. 不同距离带上旅游植被景观的特征差异[J]. 山地学报, 2003a, 21 (6): 647–652.

[126] 程占红, 张金屯, 上官铁梁. 芦芽山自然保护区旅游开发与植被环境关系——旅游影响系数及指标分析[J]. 生态学报, 2003b, 23 (4): 703–711.

[127] 程占红, 张金屯, 吴必虎, 等. 芦芽山自然保护区旅游开发与植被环境关系——植被景观的类型及其排序[J]. 生态学报, 2006, 26 (6): 1940–1946.

[128] 池静, 崔凤军. 乡村旅游地发展过程中的"公地悲剧"研究——以杭州梅家坞、龙坞茶村、山沟沟景区为例[J]. 旅游学刊, 2006, 21 (7): 17–23.

[129] 崔金星, 余红成. 论我国生态补偿法的现实性[J]. 云南环境科学, 2004, 23 (4): 18–21.

[130] 戴君虎, 王焕炯, 王红丽, 等. 生态系统服务价值评估理论框架与生态补偿实践[J]. 地理科学进展, 2012, 31 (7): 963–969.

[131] 戴其文. 生态补偿对象的空间选择研究——以甘南藏族自治州草地生态系统的水源涵养服务为例[J]. 自然资源学报, 2010, 25 (3): 415–425.

[132] 戴学军, 丁登山, 许志晖. 旅游景区（点）系统空间结构随机聚集分形研究——以南京市旅游景区（点）系统为例[J]. 自然资源学报, 2005, 20 (5): 706–713.

[133] 董平. 我国旅游资源区划初探[J]. 地域研究与开发, 2000, 19 (3): 73–76.

[134] 豆志杰, 高平亮. 关于退耕还林还草经济补偿机制的思考[J]. 内蒙古农业大学学报, 2005, 7 (2): 45–47.

[135] 杜群. 生态补偿的法律关系及其发展现状和问题[J]. 现代法学, 2005, 27 (3): 186–171.

[136] 段锦, 李玉辉. 云南石林世界遗产地生态资产评估与补偿研究[J]. 资源科学, 2010, 32 (4): 752–760.

[137] 恩格斯. 家庭、私有制和国家的起源[M]. 中共中央马克思恩格斯列宁斯大林著作编译局, 译. 北京: 人民出版社, 2003.

[138] 房艳刚, 刘继生. 中国自然保护区基于社区的生态旅游发展研究[J]. 干旱区资源与环境, 2006, 20 (1): 37–41.

[139] 冯凌. 基于产权经济学"交易费用"理论的生态补偿机制建设[J]. 地理科学进展, 2010, 29 (5): 515–522.

[140] 冯学钢, 包浩生. 旅游活动对景区地被植物——土壤环境影响的初步研究[J].

自然资源学报，1999，14（1）：75-78.

[141] 傅伯杰. 黄土区农业景观空间格局分析[J]. 生态学报，1995，15（2）：113-120.

[142] 傅伯杰，陈立顶，马克明，等. 景观生态学原理及应用[M]. 北京：科学出版社，2001.

[143] 顾笑然. 公共产品思想溯源与理论述评[J]. 现代经济. 2007，6（9）：63-65.

[144] 郭剑英，王乃昂. 敦煌旅游资源非使用价值评估[J]. 资源科学，2005，27（5）：187-192.

[145] 郭田田，刘东. 建立旅游开发生态补偿机制研究[J]. 管理学刊，2011，24（3）：65-67.

[146] 侯翠荣，宋波，王冲. 旅游度假区的景观生态格局分析及优化[J]. 山东环境，2000，6：21-22.

[147] 胡仪元. 生态补偿的理论基础再探——生态效应的外部性视角[J]. 理论探讨，2010，1：70-73.

[148] 黄富祥，康慕谊，张新时. 退耕还林还草过程中的经济补偿问题探讨[J]. 生态学报，2002，22（4）：471-478.

[149] 黄海玉，魏敏. 厦门市生态旅游资源开发与价值补偿研究[J]. 生态经济，2006，10：179-182.

[150] 黄寰. 推进资源税改革有何重大意义[N]. 人民日报，2010-07-12.

[151] 黄寰. 区际生态补偿论[M]. 北京：中国人民大学出版社，2012.

[152] 黄寰. 论生态补偿多元化社会融资体系的构建[J]. 现代经济探讨，2013，9：58-62.

[153] 黄金火，吴必虎. 区域旅游系统空间结构的模式与优化[J]. 地理科学进展，2005，24（1）：116-126.

[154] 黄敬宝. 外部性理论的演进及其启示[J]. 生产力研究，2006（7）：22-24.

[155] 黄鹰西，杨亚娜，杨桂华. 中外旅游生态补偿实践对比研究[J]. 生态经济（学术版），2014，5：280-283.

[156] 贾生华，陈宏辉. 基于利益相关者共同参与的战略性环境管理[J]. 科学学研究，2002（2）：209-213.

[157] 贾晓璇. 简论公共产品理论的演变[J]. 山西师大学报（社会科学版）研究生论文专刊. 2011，38（5）：31-33.

[158] 蒋姮. 自然保护地参与式生态补偿机制研究[M]. 北京：法律出版社，2012.

[159] 蒋依依，王仰麟，张源. 滇西北生态脆弱区生态足迹动态变化与预测研究[J].

生态学杂志，2005，24（12）：1418-1414.

［160］蒋依依，王仰麟，彭建，等.基于旅游生态足迹模型的旅游区可持续发展度量[J].地理研究，2006，25（6）：1134-1142.

［161］蒋依依，成升魁，王仰麟，等.旅游地生态持续性评价及其空间分异分析[J].资源科学，2007，29（3）：117-122.

［162］蒋依依，王仰麟，成升魁，等.旅游景观生态系统的理论研究初探[J].生态学报，2008，28（4）：1786-1793.

［163］蒋依依，王仰麟，成升魁，等.旅游景观生态系统格局：概念初探与空间单元[J].生态学报，2009，29（2）：910-915.

［164］蒋依依，宋子千，张敏.旅游地生态补偿研究进展与展望[J].资源科学，2013，35（11）：2194-2201.

［165］金波.旅游目的地可持续性研究——尺度、评价与管理[D].北京大学博士学位论文，2002.

［166］科斯，等.财产权利与制度变迁[M].上海：三联书店上海分店，上海人民出版社，1994.

［167］赖力，黄贤金，刘伟良.生态补偿理论、方法研究进展[J].生态学报，2008，28（6）：2870-2877.

［168］黎筱筱，马晓龙，吴必虎.中国优秀旅游城市空间分布及其动力机制研究[J].干旱区资源与环境.2006，20（5）：120-124.

［169］李静，黄远水.都市自然遗产旅游资源的生态补偿机制研究[J].乐山师范学院学报，2010，25（12）：57-61.

［170］李克国.生态环境补偿政策的理论与实践[J].环境科学动态，2000，25（2）：2-8.

［171］李龙熙.对可持续发展理论的诠释和解析[J].行政与法（吉林省行政学院学报）.2005（1）：3-7.

［172］李鹏，杨桂华.云南香格里拉旅游线路产品生态足迹[J].生态学报，2007，27（7）：2954-2963.

［173］李巍，李文军.用改进的旅行费用法评估九寨沟的游憩价值[J].北京大学学报，2003，39（4）：549-555.

［174］李文华.生态系统服务功能价值评估的理论、方法与应用[M].北京：中国人民大学出版社，2008.

［175］李文亮，翁瑾，杨开忠.旅游系统模型比较研究[J].旅游学刊，2005，20

（2）：20-24.

[176] 李文. 丽江市古城区年鉴2011[M]. 昆明：云南民族出版社，2012.

[177] 李晓光, 苗鸿, 郑华, 等. 机会成本法在确定生态补偿标准中的应用[J]. 生态学报，2009，29（9）：4875-4883.

[178] 李亚娟, 胡静, 张渭. 浅析生态补偿机制在旅游业中的应用[J]. 中国人口·资源与环境，2010，20（5）：222-225.

[179] 李琰, 李双成, 高阳, 等. 连接多层次人类福祉的生态系统服务分类框架[J]. 地理学报，2013，68（8）：1038-1047.

[180] 李阳. 公共产品概念和本质研究综述[J]. 生产力研究，2010（4）：30-35.

[181] 李长亮. 中国西部生态补偿机制构建研究[D]. 兰州大学博士学位论文，2009.

[182] 丽江玉龙雪山省级旅游开发区管理委员会. 玉龙雪山社区基本情况[R]. 2012年5月.

[183] 栗明, 吴萍, 陈吉利. 公平、效益与和谐：社区参与生态旅游的法律价值及其实现[J]. 理论月刊，2015，4：151-155.

[184] 林炳耀. 计量地理学概论[M]. 北京：高等教育出版社，1986.

[185] 林成. 从市场失灵到政府失灵：外部性理论及其政策的演进[D]. 辽宁大学博士学位论文，2007.

[186] 刘璨, 马天乐, 许勤, 等. 社区林业发展论[M]. 北京：中国林业出版社，1999.

[187] 刘锋. 旅游系统规划：一种新的旅游规划思路[J]. 地理学与国土研究，1999，15（1）：56-60.

[188] 刘鸿雁, 张金海. 旅游干扰对香山黄栌林的影响研究[J]. 植物生态学报，1997，21（2）：191-196.

[189] 刘静艳. 从系统学角度透视生态旅游利益相关者结构关系[J]. 旅游学刊，2006，21（5）：17-21.

[190] 刘敏, 刘春凤, 胡中州. 旅游生态补偿：内涵探讨与科学问题[J]. 旅游学刊，2013，28（2）：52-59.

[191] 刘名俭, 黄猛. 旅游目的地空间结构体系构建研究——以长江三峡为例[J]. 经济地理，2005，25（4）：581-584.

[192] 刘青, 胡振鹏. 江河源区生态系统价值补偿机制[M]. 北京：科学出版社，2012.

[193] 刘仁忠, 罗军. 可持续发展理论的多重内涵[J]. 自然辩证法研究，2007，23

（4）：79-105.

［194］刘世梁. 土地整理对生态系统服务影响的评价研究进展[J]. 中国生态农业学报，2014（9）：1010-1019.

［195］刘亚萍，潘晓芳，钟秋平，等. 生态旅游区自然环境的游憩价值——运用条件价值评价法和旅行费用法对武陵源风景区进行实证分析[J]. 生态学报，2006，26（11）：3766-3774.

［196］刘亚萍，廖蓓，金建湘. 广西巴马盘阳河沿岸长寿资源的游憩价值评价[J]. 资源科学，2012，34（5）：964-972.

［197］刘延，张大红. 吉林省向海自然保护区生态旅游社区参与调查[J]. 林业调查规划，2006，31（2）：48-51.

［198］刘燕. 西部地区生态建设补偿机制及配套政策研究[M]. 北京：科学出版社，2010.

［199］龙新民，尹利军. 公共产品概念研究评述[J]. 湘潭大学学报（哲学社会科学版），2007（2）：30-35.

［200］娄玉芹，李春生. 河南省自然保护区生态旅游资源特征与开发[J]. 地域研究与开发，2001，20（2）：94-96.

［201］卢艳丽，丁四保. 国外生态补偿的实践及对我国的借鉴与启示[J]. 世界地理研究，2009，18（3）：161-168.

［202］罗慧，霍有光，胡彦华，庞文保. 可持续发展理论综述[J]. 西北农林科技大学学报（社会科学版），2004，4（1）：35-38.

［203］罗士俐. 外部性理论价值功能的重塑——从外部性理论遭受质疑和批判谈起[J]. 当代经济科学，2011，33（2）：27-33.

［204］罗涛，刘江. 从"家园美化"到"景观规划"——德国景观美学资源评价理论发展综述[J]. 国际城市规划，2012，27（1）：84-89.

［205］罗永常. 民族村寨社区参与旅游开发的利益保障机制[J]. 旅游学刊，2006，21（10）：45-48.

［206］吕斌，陈睿，蒋丕彦. 三峡工程影响下三峡区域旅游地空间结构研究[J]. 地域研究与开发，2004，23（6）：74-79.

［207］马歇尔. 经济学原理[M]. 朱志泰，译. 北京：商务印书馆，2005.

［208］马勇，胡孝平. 神农架旅游生态补偿实施系统构建[J]. 人文地理，2010a，6：120-124

［209］马勇，胡孝平. 鄂西生态文化旅游圈生态补偿模式创新对策研究[J]. 湖北社会

科学，2010b，10：73-76.．

[210] 毛锋，曾香. 生态补偿的机理与准则[J]. 生态学报，2006，26（11）：3841-3846.

[211] 孟繁斌. 基于生态足迹分析方法的旅游可持续发展研究——以武夷山为例[D]. 华侨大学硕士论文，2006.

[212] 孟晓红. 社区居民对旅游生态补偿的认知与期望调查研究[J]. 旅游纵览，2014，8：189-190.

[213] 米姗姗，阎友兵. 试论生态旅游与生态补偿机制的构建[J]. 企业家天地，2007，1：18-19.

[214] 莫延芬. 生态旅游中的社区利益补偿机制研究[J]. 重庆理工大学学报（社会科学），2010，24（12）：49-54.

[215] 牛江，张玉钧. 北京松山自然保护区生态旅游管理与当地社区参与[J]. 四川林勘设计，2007，2：40-43.

[216] 牛文元. 可持续发展理论的基本认知[J]. 地理科学进展，2008，27（3）：2-6.

[217] 牛文元. 可持续发展理论的内涵认知——纪念联合国里约环发大会20周年[J]. 中国人口资源与环境，2012，22（5）：9-14

[218] 欧阳志云，王如松，赵景柱. 生态系统服务功能及其生态经济价值评价[J]. 应用生态学报，1999（5）：635-640.

[219] 裴少峰，郭艳艳. 外部性理论的演进、内涵与应用[J]. 文化商业，2011（10）：271-272.

[220] 彭建，王仰麟，景娟，等. 城市景观功能的区域协调规划——以深圳市为例[J]. 生态学报. 2005，25（7）：1714-1719.

[221] 綦非. 基于CVM与HPM的城市公园价值定量评价[D]. 重庆大学硕士学位论文，2011.

[222] 秦天宝. 澳大利亚保护地法律与实践评述. 生态文明与环境资源法[C]// 2009年全国环境资源法学研讨会（年会）论文集. 湖北武汉.

[223] 秦晓红. 外部性问题与适度政府干预[J]. 江西社会科学，2008（1）：211-216.

[224] 秦颖. 论公共产品的本质——兼论公共产品理论的局限性[J]. 经济学家，2006，（3）：77-82.

[225] 任勇，等. 中国生态补偿理论与政策框架设计[M]. 北京：中国环境科学出版社，2008.

[226] 阮氏春香. 森林生态旅游非使用价值的CVM有效性研究——以越南巴为国家

公园为例[D]. 南京林业大学博士学位论文，2011.

[227] 沈满洪，何灵巧. 外部性的分类及外部性理论的演化[J]. 浙江大学学报（人文社会科学版），2002，32（1）：152-160.

[228] 沈满洪，谢慧明. 公共物品问题及其解决思路——公共物品理论文献综述[J]. 浙江大学学报（人文社会科学版），2009，39（6）：133-144.

[229] 石德金. 论环境资源林投资的补偿机制[J]. 生态经济，2001（3）：46-48.

[230] 石强，吴章文，贺庆棠. 旅游开发利用对张家界国家森林公园大气质量影响的综合评价[J]. 北京林业大学学报，2002，2（4）：25-28.

[231] 石强，钟林生，汪晓菲. 旅游活动对张家界国家森林公园植物的影响[J]. 植物生态学报，2004，28（1）：107-113.

[232] 石强，吴楚材，吴章文. 张家界国家森林公园动物种类和数量的变化[J]. 中南林学院学报，2006，26（3）：51-54.

[233] 宋晓谕，刘玉卿，邓晓红，徐中民. 基于分布式水文模型和福利成本法的生态补偿空间选择研究[J]. 生态学报，2012，32（24）：7722-7729.

[234] 宋治清，王仰麟. 城市景观格局动态及其规划的生态学探讨[J]. 地球科学进展，2005，20（8）：840-848.

[235] 苏杨. 国家公园建设：先补齐生态补偿制度短板[J]. 中国发展观察，2016，11：47-49.

[236] 孙刚，盛连喜，冯江. 生态系统服务的功能分类与价值分类[J]. 环境科学动态，2000（1）：19-22.

[237] 孙京海. 旅游资源资本化研究[D]. 中国矿业大学博士学位论文，2010.

[238] 孙九霞，保继刚. 社区参与的旅游人类学研究：阳朔遇龙河案例[J]. 广西民族学院学报（哲社版），2005，27（1）：85-92.

[239] 孙睦优，王叶峰. 旅游环境承载力与旅游业可持续发展[J]. 地域研究与开发，2005，24（2）：70-73.

[240] 孙新章，谢高地，张其仔，等. 中国生态补偿的实践及其政策取向[J]. 资源科学，2006，28（4）：25-30.

[241] 唐本安，唐果，唐敏，等. 云山国家森林公园土壤动物资源生态特征[J]. 自然资源学报，2003，18（4）：499-504.

[242] 唐顺铁. 旅游目的地社区化及社区旅游研究[J]. 地理研究，1998，17（2）：145-149.

[243] 田辉玉，罗军，黄艳. 可持续发展理论探究[J]. 湖北经济学院学报（人文社会

科学版），2006，6（3）：11-13.

[244] 佟玉权. 旅游生态系统的特点与研究方法[J]. 辽宁师范大学学报（自然科学版），2000，23（4）：417-420.

[245] 汪德根，陆林，陈田，等. 基于点—轴理论的旅游地系统空间结构演变研究——以呼伦贝尔—阿尔山旅游区为例[J]. 经济地理，2005，25（6）：904-909.

[246] 汪永华，陈北光. 广州白云山风景区植被景观空间关联分析[J]. 山地学报，2003，21（4）：416-421.

[247] 王爱学，赵定涛. 西方公共产品理论回顾与前瞻[J]. 江淮论坛，2007（4）：38-43.

[248] 王丰年. 论生态补偿的原则和机制[J]. 自然辩证法研究，2006，22（1）：31-35.

[249] 王广正. 论组织和国家中的公共物品[J]. 管理世界，1997，1：209-212.

[250] 王辉民. 环境影响评价中引入生态补偿机制研究[D]. 中国地质大学博士学位论文，2008.

[251] 王金南，庄国泰. 生态补偿机制与政策设计[M]. 北京：中国环境科学出版社，2006.

[252] 王良健. 旅游可持续发展评价指标体系及评价方法研究[J]. 旅游学刊，2001，16（1）：67-70.

[253] 王青云. 可持续发展理论发展概述[J]. 黄石高等专科学校学报，2004，20（4）：9-11.

[254] 王群，杨兴柱. 境外旅游业碳排放研究综述[J]. 旅游学刊，2012，27（1）：73-82.

[255] 王荣红. 滇西北丽江市玉龙县黎明傈僳族乡旅游扶贫初步研究[J]. 红河学院学报，2011，9（1）：43-47.

[256] 王淑贞，外部性理论综述[J]. 理论经济学，2012（9）：52-53.

[257] 王仰麟. 景观生态系统及其要素的理论分析[J]. 人文地理，1997，12（1）：1-5.

[258] 王仰麟. 农业景观格局与过程研究进展[J]. 环境科学进展，1998，6（2）：29-34.

[259] 王仰麟，祁黄雄. 区域观光农业规划的理论与案例研究——以防城港市十万大山北麓（上思县）为例[J]. 人文地理，1999，14（1）：17-21.

［260］文传浩，杨桂华，王焕校. 自然保护区生态旅游环境承载力综合评价指标体系初步研究[J]. 农业环境保护，2002，21（4）：365-368.

［261］文红，李建华. 森林旅游生态补偿的理论思考[J]. 湖南林业科技，2007，34（6）：46-49.

［262］吴必虎. 旅游系统：对旅游活动与旅游科学的一种解释[J]. 旅游学刊，1998（1）：21-25.

［263］吴菲菲，葛颜祥，王蓓蓓. 旅游业对上游产业生态补偿机制的研究[J]. 农业现代化研究，2009，30（6）：683-687.

［264］吴甘霖，黄敏毅，段仁燕. 不同强度旅游干扰对黄山松群落物种多样性的影响[J]. 生态学报，2006，26（12）：3924-3930.

［265］吴健，马中. 科斯定理对排污权交易政策的理论贡献[J]. 厦门大学学报（哲学社会科学版），2004，3：21-25.

［266］吴人韦. 旅游规划的基本功能[J]. 地理学与国土研究，2000，16（2）：53-56.

［267］吴耀宇. 浅论盐城海滨湿地自然保护区旅游生态补偿机制的构建[J]. 特区经济，2011，2：167-168.

［268］武立磊. 生态系统服务功能经济价值评价研究综述[J]. 林业经济，2007（3）：42-46.

［269］习熠华，和虹. 丽江黎明乡调查笔记[M]. 昆明：云南民族出版社，2008.

［270］肖笃宁. 景观生态学研究进展[M]. 长沙：湖南科学技术出版社，1999.

［271］肖建，武陈洪. 林权明晰并非森林"公地悲剧"的终结——基于森林生态服务视角分析森林"公地悲剧"现象与治理[J]. 求索，2012.

［272］肖生美，翁伯琦，钟珍梅. 生态系统服务功能的价值评估与研究进展[J]. 福建农业学报，2012，27（4）：443-451.

［273］谢高地，鲁春霞，成升魁. 全球生态系统服务价值评估研究进展[J]. 资源科学，2001，23（6）：5-9.

［274］谢高地，甄霖，鲁春霞，等. 生态系统服务的供给、消费和价值化[J]. 资源科学，2008，30（1）：93-99.

［275］谢利玉. 浅论公益林生态效益补偿问题[J]. 世界林业研究，2000（3）：70-73.

［276］谢贤政，马中. 应用旅行费用法评估黄山风景区游憩价值[J]. 资源科学，2006，28（3）：128-136.

［277］熊国保，胡婷婷，罗志红. 区域地质旅游开发中的生态补偿机制构建——以

鄱阳湖生态经济区为例[J]. 江西社会科学，2012（8）：66-70.

［278］休谟. 人性论[M]. 北京：中国人民大学出版社，2012.

［279］徐菲菲. 基于社区的生态旅游可持续性评价——以江苏盐城丹顶鹤湿地自然保护区为例[J]. 南京财经大学学报，2006，6：62-64.

［280］徐桂花，杨定华. 外部性理论的演变与发展[J]. 社会科学，2004，（3）：26-30.

［281］徐中民，钟方雷，赵雪雁，李兴文. 生态补偿研究进展综述[J]. 财会研究，2008，（23）：67-72，80.

［282］亚当·斯密. 亚当·斯密全集第3卷：国民财富的性质和原因的研究（下卷）[M]. 郭大力，王亚南，译. 北京：商务印书馆，2014.

［283］亚里士多德. 政治学[M]. 吴寿彭，译. 北京：商务印书馆，1983.

［284］杨春红. 丽江少数民族地区旅游业发展的"二元化"现象初步研究[D]. 云南师范大学硕士学位论文，2005.

［285］杨光梅，李文华，闵庆文. 生态系统服务价值评估研究进展——国外学者观点[J]. 生态学报，2006，26（1）：205-212.

［286］杨桂红. 试论社区居民参与旅游业发展对环境保护的积极作用——以碧塔海旅游景区为例[J]. 经济问题探索，2001，11：124-126.

［287］杨桂华，张一群. 自然遗产地旅游开发造血式生态补偿研究[J]. 旅游学刊，2012，27（5）：8-9.

［288］杨小波，吴庆书，等. 城市生态学[M]. 北京：科学出版社，2001.

［289］杨新军，马晓龙，霍云霈. 旅游目的地区域（TDD）及其空间结构研究——以西安为例[J]. 地理科学，2004b，24（5）：620-626.

［290］杨新军，马晓龙. 区域旅游：空间结构及其研究进展[J]. 人文地理，2004a，19（1）：76-81.

［291］杨一容. 基于制度短板的生态旅游资源补偿机制研究[D]. 厦门大学硕士学位论文，2009.

［292］杨职优，罗涛，朱志超，等. 基于体验模式的景观美学评价技术及应用[J]. 环境科学与技术，2012，35（3）：187-192.

［293］姚明宽. 建立生态补偿机制的六点建议[N]. 中国改革报，2006-07-31.

［294］叶知年. 论自然资源物权受限下的生态补偿机制[J]. 福建政法管理干部学院学报，2007，2：37-41.

［295］易宪容. 新制度经济学的奠基人：科斯评传[M]. 太原：山西经济出版社，

1998.

［296］易艳.森林旅游资源开发中的外部环境成本补偿机制研究[J].旅游论坛，2011，4（2）：37-40.

［297］尹小娟，钟方雷.生态系统服务分类的研究进展[J].安徽农业科学，2011，39（13）：7944-7999，8071.

［298］尹贻梅，陆玉麒，邓祖涛.国内旅游空间结构研究述评[J].旅游科学，2004，18（4）：49-55.

［299］余璐，李郁芳.中央政府供给地区生态补偿的内生缺陷——对补偿原则和收益原则内在矛盾的分析[J].技术经济与管理研究，2010，6：94-97.

［300］俞孔坚.景观：文化、生态与感知[M].北京：科学出版社，1998.

［301］虞依娜，彭少麟.生态系统服务价值评估的研究进展[J].生态环境学报，2010，19（9）：2246-2252.

［302］喻庆国.云南元阳哈尼梯田湿地生态旅游生态补偿机制探讨[J].安徽农业科学，2007，35（25）：7902-7908.

［303］苑文华，胡兵，严垂香.云南玉龙雪山景区开发中的生态补偿机制探究[J].城市旅游规划，2014，5：145-147.

［304］院玲玲.丽江玉龙雪山旅游区迁入人口及其对社会经济和自然环境的影响研究[D].中国科学院研究生院博士学位论文，2008.

［305］张彪，李文华，谢高地，等.北京市森林生态系统的水源涵养功能[J].生态学报，2008，28（11）：5619-5624.

［306］张彪，谢高地，肖玉，等.基于人类需求的生态系统服务分类[J].中国人口·资源与环境，2010，20（6）：64-67.

［307］张兵.少数民族社区旅游开发中社区居民利益分配问题研究——基于几个典型案例的分析[J].辽宁师范大学学报（社会科学版），2011，34（6）：33-38.

［308］张波.旅游目的地"社区参与"的三种典型模式比较研究[J].旅游学刊，2006，21（7）：69-74.

［309］张宏，杨新军，李邵刚.自然保护区社区共管对我国发展生态旅游的启示——兼论太白山大湾村实例[J].人文地理，2005，3：103-106.

［310］张宏军.西方公共产品理论溯源与前瞻——兼论我国公共产品供给的制度设计[J].贵州社会科学，2010，6：120-124.

［311］张建萍.生态旅游与当地居民利益——肯尼亚生态旅游成功经验分析[J].旅游

学刊，2003，18（1）：60-63.

［312］张理英，薛跃规. 生态旅游开发中生态补偿机制初探——阳朔龙颈河案例研究[J]. 桂林旅游高等专科学校学报，2007，18（2）：231-234.

［313］张林，覃峭. 补偿机制与旅游社区和谐发展研究[J]. 经济问题探索，2008，3：121-124.

［314］张谧，赖江山. 民间环保组织在中国[J]. 生命世界，2007，6：62-64.

［315］张朋，王波. 国外社区参与旅游发展对我国的启示——以英国南彭布鲁克为例[J]. 福建地理，2003，18（4）：38-41.

［316］张伟. 世界遗产坐落城市旅游管理的整合模式研究[D]. 北京大学硕士学位论文，2002.

［317］张伟，张宏业，张义丰. 基于"地理要素禀赋当量"的社会生态补偿标准测算[J]. 地理学报，2010，65（10）：1253-1265.

［318］张馨. 比较财政学教程（第二版）[M]. 北京：中国人民大学出版社，2004.

［319］张一群，杨桂华. 对旅游生态补偿内涵的思考[J]. 生态学杂志，2012，31（2）：477-482.

［320］张一群. 云南保护地旅游生态补偿研究[D]. 云南大学博士学位论文，2015.

［321］章锦河，张捷，梁玥琳，等. 九寨沟旅游生态足迹与生态补偿分析[J]. 自然资源学报，2005，20（5）：735-744.

［322］赵海兰. 生态系统服务分类与价值评估研究进展[J]. 生态经济，2015，31（8）：27-33.

［323］赵玲，王尔大，苗翠翠. ITCM在我国游憩价值评估中的应用及改进[J]. 旅游学刊，2009，24（3）：63-69.

［324］郑华，李屹峰，欧阳志云. 生态系统服务功能管理研究进展[J]. 生态学报，2013（3）：702-710.

［325］郑敏，张伟. 山地旅游资源生态补偿机制构建[J]. 安徽农业科学，2008，36（11）：4629-4630.

［326］中国生态补偿机制与政策研究课题组. 中国生态补偿机制与政策研究[M]. 北京：科学出版社，2007.

［327］钟林生，肖笃宁，陈文波. 乌苏里江国家森林公园规划方案的景观指数辅助评价[J]. 应用生态学报，2002，13（1）：31-34.

［328］钟林生，郑群明，刘敏. 世界生态旅游地理[M]. 北京：中国林业出版社，2006.

[329] 钟林生，王婧. 我国保护地生态旅游发展现状调查分析[J]. 生态学报，2011. 31（24）：7450-7457.

[330] 钟韵，彭华，郑莘. 经济发达地区旅游发展动力系统初步研究：概念、结构、要素[J]. 地理科学，2003，23（1）：60-65.

[331] 宗晓莲. 旅游开发与文化变迁——以云南丽江纳西族自治县纳西族文化为例[D]. 中央民族大学博士学位论文，2002.

[332] 左停，苟天来. 社区为基础的自然资源管理（CBNRM）的国际进展研究综述[J]. 中国农业大学学报，2005，10（6）：21-25.

责任编辑：郭珍宏

图书在版编目（CIP）数据

旅游生态补偿理论与实践：以云南省玉龙纳西族自治县为例 / 蒋依依著. -- 北京：旅游教育出版社，2017.2

ISBN 978-7-5637-3539-6

Ⅰ．①旅… Ⅱ．①蒋… Ⅲ．①旅游业发展—生态环境—补偿机制—研究—玉龙纳西族自治县 Ⅳ．①F592.774.4

中国版本图书馆CIP数据核字(2017)第037743号

旅游生态补偿理论与实践
——以云南省玉龙纳西族自治县为例

蒋依依　著

出版单位	旅游教育出版社
地　　址	北京市朝阳区定福庄南里1号
邮　　编	100024
发行电话	（010）65778403　65728372　65767462（传真）
本社网址	www.tepcb.com
E - mail	tepfx@163.com
排版单位	北京旅教文化传播有限公司
印刷单位	北京中科印刷有限公司
经销单位	新华书店
开　　本	710毫米×1000毫米　1/16
印　　张	10.75
字　　数	168千字
版　　次	2017年2月第1版
印　　次	2017年2月第1次印刷
定　　价	45.00元

（图书如有装订差错请与发行部联系）